Wolfgang Hering • Helga Zachmann

Kunterbunte Tanzspielhits

Pfiffige Kindertanzprojekte mit Liedern, Bewegungsideen, Reimen und Spielaktionen

Illustrationen: Kasia Sander

Ökotopia Verlag, Münster

Impressum

Autorinnen: Wolfgang Hering, Helga Zachmann
Illustrationen: Kasia Sander
Herausgeber: Buchwerk Bernhard Schön, Idstein
Satz: Hain-Team, Bad Zwischenahn

1 2 3 4 5 6 7 8 9 • 12 11 10 09 08

ISBN: 978-3-86702-048-0

Zu diesem Buch gibt es die

Doppel-CD
Kunterbunte Tanzspielhits

ISBN: 978-3-86702-049-7

Inhalt

Einführung

Kinder tanzen gerne. Sie haben Freude an Bewegung und greifen dankbar Anregungen und Themenvorgaben auf. Mit Begeisterung bringen sie aber auch eigene Ideen ein. So sind die Spiele und Lieder in diesem Buch gemeinsam mit Kindern entwickelt worden. Figuren und Bewegungsabläufe stammen teilweise direkt aus Kindertanzgruppen. Wir haben Ideen der Kinder mitgeschrieben und weiterentwickelt. Wir, das sind Helga Zachmann, Tanzpädagogin, und Wolfgang Hering, Kinderliedermacher.

Zu dem Buch werden zwei CDs angeboten. Auf der Lieder-CD finden Sie alle Stücke mit gesungenen Texten. Auf der Instrumental-CD finden Sie die gleichen Stücke als Playbacks (ohne Gesang) und einige zusätzliche Stücke, die gut für Übungen und Improvisationen geeignet sind. Um Ihnen die Auswahl zu erleichtern, haben wir zu vielen Spieltipps unsere Musikempfehlungen gegeben.

In der gemeinsamen Arbeit sind neue Tanzlieder und viele Sprach-, Spiel- und Bewegungsanregungen entstanden, die zu verschiedenen Themenschwerpunkten gebündelt wurden. Buch- und CD-Paket bieten Unterstützung für alle, die mit Kindergruppen arbeiten. Dabei werden die Bereiche Motorik, Rhythmik und Sprachförderung miteinander kombiniert.

In unserem Buch gibt es Fingerspiele, Spielgedichte und Bewegungsgeschichten; Rhythmiksprüche und Klatschspiele; freie Tanzanregungen, Bewegungsspiele und rhythmische Musikvorschläge; Wahrnehmungs- und Entspannungsübungen; Gestaltungs- und Bastelvorschläge; zum Thema passende Tanzlieder.

Zur Arbeit mit diesem Buch

Kreativität entfaltet sich überall dort, wo sie einen geeigneten Rahmen erhält. Diese Erfahrung konnten wir in unserer langjährigen pädagogischen Praxis immer wieder machen. Deshalb haben wir neben konkreten Spielangeboten Bewegungs- und Tanzanregungen entwickelt, die den Kindern einen gewissen Improvisationsfreiraum anbieten.

Konkrete Tanzschritte werden bei den Stücken „Hinter den sieben Bergen", „Wir tanzen durch die Straßen" und „Wir tanzen zum Abschied" vorgeschlagen. Beim ersten der genannten Lieder geht es um Rechts-Links-Koordination, beim zweiten und dritten bieten wir folkloristische Tanzfiguren an. „Die verrückte Küche" und „Unsere Körperklänge" legen das Hauptaugenmerk auf rhythmi-

sche Strukturen. Die meisten Tanzstücke orientieren sich an der Handlung und werden mit dem Körper umgesetzt. Sie leben von der Spielfreude der Kinder. Sie erzählen z.B. von Tieren, werden beim Zaubern eingesetzt oder handeln von Schätzen, die unter Wasser geborgen werden. Diese Art zu arbeiten, so zeigt unsere Praxis, ermöglicht allen Kindern einen spannenden und lustbetonten Zugang zum tänzerischen Bereich. Sie bietet dem einzelnen Kind verschiedene Rollen an, die es auf seine Weise umsetzen kann.

Hier legen wir ganz bewusst einen anderen Schwerpunkt als populäre Tanztrainings (Jazztanz, Ballett oder HipHop). Wir wollen Kinder mit ihrem kreativem Potenzial motivieren und begeistern. Wenn Menschen das erste Mal mit Tanz zu tun haben, sollten sie nicht durch schwierige Schritte und Beharren auf exakten Abläufen demotiviert werden. Damit Kinder gerne mitmachen, ist der Aufbau emotionaler Nähe sehr wichtig. Dies erreichen wir durch partnerschaftlichen Umgang und einen hohen Anteil an Partizipation: Ist eine Spielidee von allen Kindern verstanden und umgesetzt worden, fragen wir nach ihren Wünschen und probieren die Vorschläge aus. Wurde eine Spielgeschichte umgesetzt, lassen wir die Kinder die Handlung weiterspinnen. Auch beim tänzerischen Inszenieren der Songs nehmen wir Erwachsene uns zurück und geben lediglich verbale Anregungen oder stellen Fragen. Das erfordert erhöhte Aufmerksamkeit bei der Spielleitung – wer die Kinder beim Agieren gut beobachtet, wird mehr über die Bedürfnisse der Einzelnen erfahren und die verschiedenen Ideen besser in ein gemeinsames Projekt integrieren können.

Kinder können im Spiel viel lernen: Autonomie und Flexibilität, Problemlösungsfähigkeit und Kreativität sowie Verständnis für die Sichtweise anderer. Sehr oft wird in Paaren oder in Kleingruppen agiert. Die Kinder lernen sich unterschiedlich einzubringen oder zurückzunehmen. Regeln und Fairness werden in immer wieder neuen Variationen geübt. Gemeinschaftsgefühl und Feedback durch die Gruppe ermöglichen positive Lernerfahrungen. Wir möchten die Kinder dabei als Individuen wahrnehmen und ihnen differenzierte, individuelle und sachbezogene Rückmeldungen geben.

Beachten Sie die folgenden Hinweise zur Förderung von Kreativität:

- Vielfältige Spiel- und Bewegungsangebote
- Fantasievoller Einsatz von Sprache
- Einsatz von Musik und Rhythmik
- Aufgreifen von Bedürfnissen und Vorschlägen der Kinder
- Überschaubare Aufgaben stellen
- Räume für freies Gestaltung schaffen
- Wahrnehmungsübungen anbieten und reflektieren
- Konformitätsdruck abbauen, Unterschiede positiv vermerken
- Kindliche Ausdrucksmöglichkeiten haben Vorrang vor erwachsenen
- Reflektieren mit Kindern, Akzeptieren anderer Sichtweisen
- Hemmungen abbauen durch eine freundliche und konkurrenzfreie Atmosphäre
- Differenzierte, individuelle und sachbezogene Rückmeldungen

Motorik, Rhythmik, Sprache – eine Zauberformel!

Die Psychomotorik hat den engen Zusammenhang von sensorischer Integration, Entwicklung der Motorik und eigenem Selbstvertrauen erkannt. Unter sensorischer Integration ist das Filtern und Verarbeiten von Sinneseindrücken im Gehirn zu verstehen. Was wiederum zu sinnvollem Reagieren und Handeln führt. Schon im Mutterleib bewegen wir unsere Finger, Hände und Zehen. Ein Baby eignet sich mit seinem Bewegungsdrang die Welt an. Auf das Neugeborene strömen ständig Unmengen von Sinnesreizen ein. Es erhält ständig Impulse über seine Haut und seine Gleichgewichtsorgane, die ihm Informationen über seinen Körper, seine Lage im Raum und sei-

ben gerecht zu werden. Diese Kinder können sich häufig schlechter konzentrieren. Entwicklungsverzögerungen bei Kindern hängen oft mit einer gestörten Verarbeitung der Sinnesreize im Gehirn zusammen. Im Kapitel „Die Knochenmännchen" erfahren Kinder ganz konkrete Dinge über ihren Körper und erforschen ihn im Selbstversuch. Auch „Die Malermeister" beschäftigen sich hauptsächlich mit grundlegenden Bewegungsmöglichkeiten und deren Umsetzung. Entgegen der früheren Lehrmeinung „Was Hänschen nicht lernt, lernt Hans nimmermehr", weiß man heute, dass es auch später jederzeit möglich ist, verpasste Entwicklungen nachzuholen, nur geht es dann nicht mehr so mühelos.

Sprache ist eine der Schlüsselkompetenzen für die Schule. Rhythmische Verse, zu denen geklatscht und gesungen wird, bieten Kindern einen geeigneten Einstieg ins Verstehen und Sprechen von Sprache. Dabei ist die Selbsttätigkeit der Kinder entscheidend. Auch beim Lesen- und Schreibenlernen hilft ein lustvoller und rhythmischer Einstieg. In den Themen-Kapiteln haben wir dafür Spiele, Rhythmiksprüche, Klatschspiele, Mitmachoder Klanggeschichten, Gedichte und Fingerspiele entwickelt. Dabei soll auch die Begriffsbildung und Fantasie der Kinder unterstützt werden.

Wie viel Information Ihre Gruppe vertragen kann, können Sie selbst am besten einschätzen; deshalb sind auch die Altersangaben lediglich eine Orientierung. Erfahrungsgemäß mögen Kinder – auch wenn die Verse und Strophen bereits gemeinsam geübt worden sind – Wiederholungen. Nutzen Sie die einzelnen Kapitel als Unterrichtseinheit. Genauso gut können Sie Bausteine herausgreifen und vielfältig kombinieren.

Aus Gründen der leichteren Lesbarkeit haben wir auf die gesonderte Kennzeichnung der weiblichen Form (Leser/in etc.) verzichtet. Wir wünschen allen Anwendern viel Freude beim Arbeiten mit unseren Spielideen.

ne Umwelt geben. Deshalb vergeht die erste Zeit damit zu lernen, diese Informationen zu filtern, zu ordnen und richtig zu interpretieren. Kann das kleine Kind seine Nacken- und Augenmuskulatur und seine Hände sinnvoll einsetzen, beginnt es selbständig die Umwelt zu erkunden und mit seinem Primärsinn, dem Tasten, Gegenstände zu erforschen und die Informationen in sein Weltbild zu integrieren.

Das Krabbelalter stellt eine wichtige Phase für die Gehirnentwicklung des Kleinkindes dar, denn durch die Überkreuzbewegung wird eine Verbindung der beiden Gehirnhälften notwendig, was sich später auf viele Bereiche des Lernens auswirken wird. Beide Gehirnhälften arbeiten so ökonomischer zusammen. Wir haben das Kapitel „Mit Hand und Fuß über Kreuz" diesem Thema gewidmet.

Das Kind braucht unbedingt ausreichend Zeit und Möglichkeiten, um seinen Gleichgewichtssinn optimal zu entwickeln. Ein Kind, das ständig noch Aufmerksamkeit darauf verwenden muss, sein Gleichgewicht zu halten, hat weniger Kapazitäten frei, um den anderen Entwicklungsaufga-

1. Heute tanzen wir – Spiele zum Anfang

Ein ritualisierter Stundenbeginn setzt ein klares Zeichen, dass es jetzt los geht, und ruft die Kinder zusammen. Alle wissen, was zu tun ist und stellen sich innerlich auf die Stunde ein. Kommt die Gruppe das erste Mal zusammen, so stehen Kennenlernspiele auf dem Programm.

Hallo, Hände, wir sind da

Begrüßungslied ab 3 Jahren

Text: Helga Zachmann/Musik: trad.

Hal - lo, Hän - de, wir sind da, hal - lo, Hän - de, wir sind da,

hal - lo, Hän - de, wir sind da, wir sind al - le da!

1. Hallo, Hände, wir sind da,
hallo, Hände, wir sind da,
hallo, Hände, wir sind da,
wir sind alle da!

2. Hallo, Füße, wir sind da,
hallo, Füße, wir sind da,
hallo, Füße, wir sind da,
wir sind alle da!

usw.

Spielanregung

Die Melodie wurde von dem amerikanischen Kinderlied „Skip to my Loo" übernommen. Die Gruppe geht im Raum umher und singt die erste Strophe. Es ist auch möglich, das Singspiel im Kreis zu spielen. Bei der letzten Silbe „da" fassen sich alle Kinder ganz schnell an den Händen und bleiben stehen. Dies sollte geschafft sein, bevor dem letzten die Puste für sein „da!" ausgeht.

In der nächsten Runde kommt ein anderes Körperteil dran, z. B. die Füße. Hier versuchen die Kinder, sich an den Füßen zu berühren.

Dann kommen weitere Vorschläge aus der Gruppe: Wie wäre es mit Ellenbogen, Knie oder kleinen Fingern?

Variante: Die Körperteile werden nur einzeln bewegt.

Nanu, wer bist denn du?

Musikspiel ab 8 Jahren

Die folgenden Spielanregungen dienen zum Kennenlernen oder als kleines Warm-up. Die Kinder gehen zu einer entsprechenden Musik (Instrumental-CD Nr. 17) kreuz und quer im Raum herum. Während sich alle bewegen, erhalten sie von der Gruppenleitung verschiedene Aufgabenstellungen:

- Schaut nur auf eure eigenen Fußspitzen
- Fixiert die Schuhe, die euch begegnen, wenn ihr auf den Boden schaut
- Beobachtet den Horizont und vermeidet Blickkontakte
- Seht nur zur Decke
- Unser Blick bleibt an den Menschen hängen, denen wir begegnen
- Sammelt Blickkontakte in Hülle und Fülle
- Schüttelt so viele Hände so schnell, wie möglich
- Geht zweifelnd durch den Raum und mustert die anderen
- Stellt jemandem eine Frage
- Befragt ein Kind, um es später den anderen vorzustellen

Fünf Finger liegen noch im Bett
Fingerspiel ab 3 Jahren

Wolfgang Hering

Fünf Finger liegen noch im Bett
und schlafen tief und fest.
Sie träumen dies und träumen das
vom großen Kinderfest.

Der Erste träumt von Hüpfburgen
und springt so hoch er kann,
die Arme breitet er noch aus
und fängt zu schweben an.

Der Zweite isst ein Kuchenstück
und dann ein großes Eis,
gewinnt noch bei der Tombola
den allerersten Preis.

Der Dritte gibt dem Luftballon
den Schubs zum Flug mit Gas,
der fliegt dann bis nach Polen hin,
das ist ein großer Spaß.

Der Vierte träumt vom Tauziehen,
er legt mit sehr viel Kraft
sich in das dicke Seil hinein,
der Sieg ist bald geschafft.

Der Fünfte wacht am Morgen auf,
kein Traum mehr weit und breit.
Die Nacht ist leider nun vorbei.
Zum Aufstehn ist es Zeit.

Spielanregung
Zeigen Sie erst die gesamte Hand,
dann starten Sie mit einem Finger.

Schlangentanz
Tanzidee ab 5 Jahren

Alle gehen zur Musik (CD Nr. 18) hintereinander, die Hände auf die Schultern des Kindes vor ihnen gelegt. Der Kopf der Schlange gibt die Bewegungen bzw. die Richtung vor. Lenken Sie die Wahrnehmung auf den Takt der Musik, indem Sie laut bis Vier/Acht mitzählen. Alle zählen zunächst laut mit, später nur noch innerlich. Dann nutzen Sie diese Struktur für weitere Aufgaben:

- Berührung zum Vordermann kurz lösen und bei jedem zweiten Takt auf die „Eins" zweimal zur Seite klatschen.
- Beim nächsten Abschnitt zweimal zur einen und zweimal zur anderen Seite klatschen.

- An einem vereinbarten Punkt fest mit einem Fuß aufstampfen.
- Figuren im Raum gehen, z.B. eine Spirale, die sich nach innen und dann um 180° nach außen dreht.
- Im Zickzackkurs vorwärts gehen.
- Kleine Kreise bilden, die sich erst in die eine, dann in die andere Richtung drehen.

Alle kommen wieder zur großen Schlange zusammen. Der Kopf soll nun das Ende fangen. Das Spiel endet, wenn der Kopf das Ende erwischt hat oder die Kette an einer Stelle reißt.

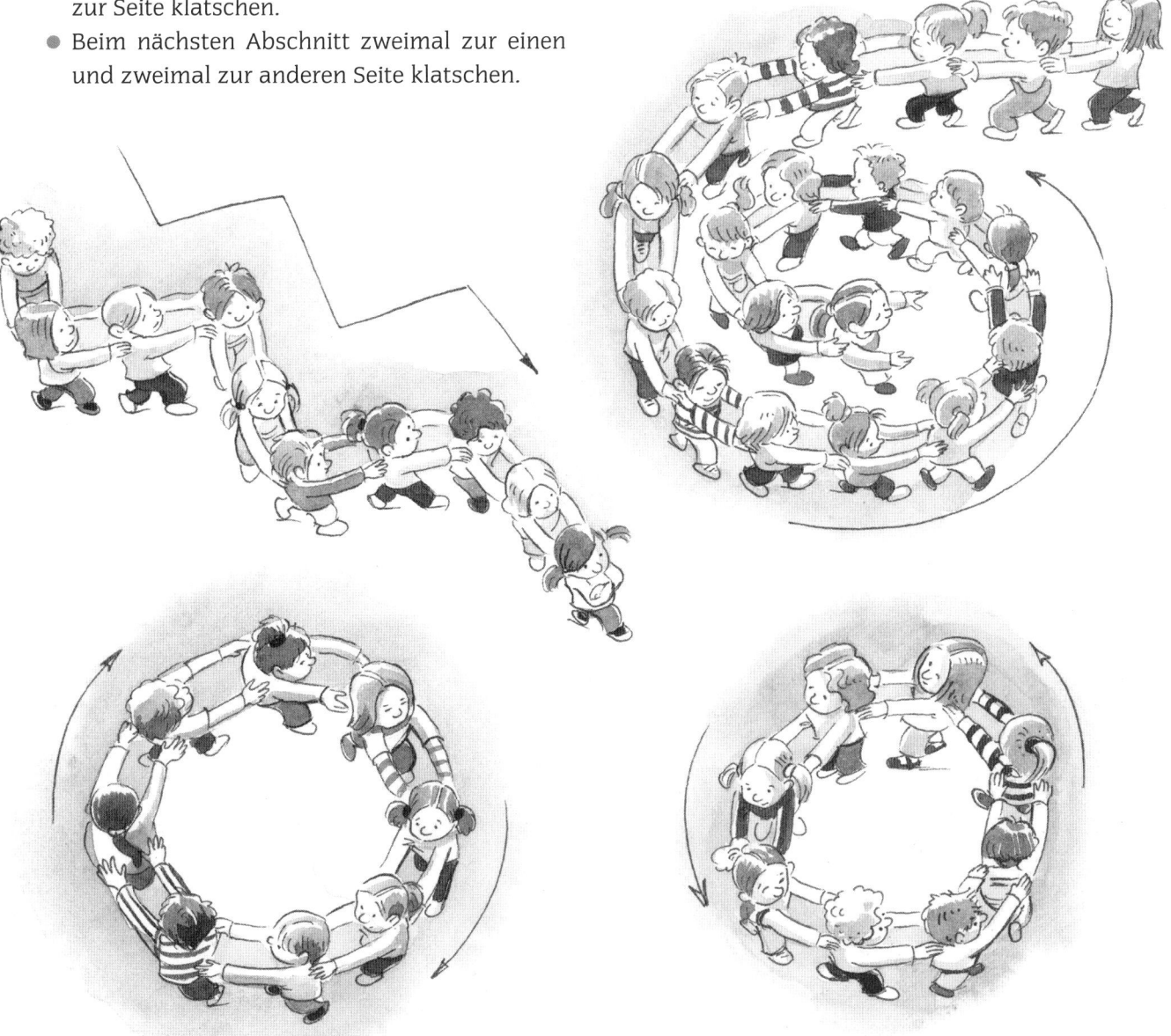

Die eingefrorenen Katzen
Spielgedicht ab 3 Jahren

Wolfgang Hering

Es treffen sich die Katzen
heut im verfall'nen Haus.
Da traut sich sicher keine
der Mäuse dort heraus.
In eine Ecke verkriechen
Die Katzen sind gefährlich,
doch nicht besonders schnell.
Sie streifen rum ganz langsam,
berühr'n sich gern am Fell.
Mit der Zunge übers „Fell" lecken

Die Mäuse sind nur mächtig
mit einem Zauberspray,
der friert die Katzen ein,
vom Scheitel bis zum Zeh.
Arme ausstrecken und mit „Ffffhh" die Katzen ein-
sprühen
Es kommen nun die Mäuse,
sie sprühn die Katzen ein.
Die werden eingefroren
stehn still so wie aus Stein.
Katzen bleiben in der aktuellen Haltung stehen

Und alle Mäuse sausen
flink um die Katzen rum.
Um die Gruppe der Katzen herumrennen
Die stehn da wie ein Denkmal,
bewegungslos und stumm.
So sind sie ja ganz friedlich,
wenn nichts sich rühren kann.
Vor die Katzen stellen und sie berühren
Die Mäuse schaun die Katzen
von allen Seiten an.

Die Zauberkraft verschwindet,
die Mäuse flitzen los
In die Ecken rennen
und suchen ein Versteck.
Wo sind wir sicher bloß?
Die Katzen laufen wieder,
Dehnen und strecken sich
sie leben alle noch.
Die Mäuse sind verschwunden
in irgendeinem Loch.

Spielanregung
Es gibt zwei Gruppen, Katzen und Mäuse.
Dann wird die kleine Bewegungsgeschichte
wie angegeben umgesetzt, die Spielleitung
spricht den Text.

Auf der Insel
Stichwortspiel ab 4 Jahren

Auf der Insel ... (lassen Sie die Kinder einen Namen erfinden) leben viele Tiere friedlich zusammen. Jedes Kind darf sich aussuchen, welches Tier es sein möchte. Zuvor wurden ca. vier Kinder ausgesucht, die gern die Bäume darstellen möchten. Die Bäume stehen auf Stühlen (oder anderen Erhöhungen) und halten ihre Arme als Äste in die Luft.

Mit dem Ruf „Sonnenschein" beginnt das normale Leben auf der Insel. Die Tiere erwachen und gehen ihren alltäglichen Beschäftigungen nach.

Doch dann zieht ein Unwetter heran. Erschallt der Ruf „Sturm!", verkriechen sich alle Tiere sofort in einen trockenen Unterschlupf unter den Bäumen, die ihre Äste wild bewegen. Dort warten sie ab, bis sich das Unwetter verzogen hat und die Sonne wieder schein. Doch schon beginnt es zu regnen. Bei „Regen!" suchen alle Tiere auf den Bäumen Schutz, denn ihre Insel ist schon oft überschwemmt worden. Sie klettern auf die Stühle und versuchen, sich aneinander festzuhalten. Die Bäume lassen ihre Äste schwer herabsinken. Schön ist es, wenn es mehr Tiere als Bäume sind und so eine Kooperation notwendig wird. Das Spiel wechselt noch einige Male zwischen den Wetterlagen.

Heute tanzen wir

Tanzlied ab 3 Jahren

Text/Musik: Wolfgang Hering   Nr. 1

Refrain:
Wir zählen laut bis vier:
eins, zwei, drei, vier.
Ja, heute tanzen wir,
heute tanzen wir.

1. Die Nase geht nach oben
und wandert auch mal tief,
dann dreht sie eine Runde
und kreist herum ganz schief.
So wird die Nase munter,
so wacht sie richtig auf.
Sie tanzt noch eine Weile.
Wir sind heut sehr gut drauf.

2. Die Schultern gehn nach oben
der Kopf versinkt ganz tief,
dann kreisen beide Seiten
und stehen auch mal schief.
So werden Schultern munter,
so wachen sie heut auf
und tanzen eine Weile.
Wir sind heut sehr gut drauf.

Refrain

3. Die Stirn, die geht nach oben
und wandert auch mal tief,
dann dreht sie eine Runde
und kreist herum ganz schief.
So wird die Stirn ganz munter,
so wacht sie richtig auf
und tanzt noch eine Weile.
Wir sind heut sehr gut drauf.

4. Die Arme gehn nach oben
und schütteln sich ganz tief,
dann drehn sie wie Propeller
auch seitlich mal ganz schief.
So werden Arme munter,
so wachen sie heut auf
und tanzen eine Weile.
Wir sind heut sehr gut drauf.

Refrain

5. Die Beine gehn nach oben,
und knicken ein ganz tief.
Wir strecken uns nach oben
und biegen uns ganz schief.
So werden Beine munter,
so wachen sie heut auf.
Sie tanzen eine Weile.
Wir sind heut sehr gut drauf.

6. Wir springen selbst nach oben
und bücken uns ganz tief.
Wir drehn uns auf der Stelle
und stehn auch mal ganz schief.
So sind wir alle munter,
wir haben es vollbracht,
vom Kopf bis zu den Beinen
ist alles aufgewacht.

Spielanregung
Am Anfang können alle mit den Fingern bis vier
mitzählen, dann werden die einzelnen Körperteile nach und nach in Bewegung gesetzt, immer
mit der gleichen Abfolge: nach oben, nach unten,
im Kreis, dann schräg und schließlich im freien
Spiel.

2. Der Unterwasserclub

Der freundliche Delfin, der gefährliche Hai oder auch der Faulpelz Seestern lassen Spiel, Spannung und Ruhe entstehen. Das Medium Wasser erzeugt neue Handlungsräume bei den Kindern. Sie setzen ihre Arme sehr natürlich ein und haben verschiedene Bewegungsebenen zur Verfügung. Die unbekannte Welt lässt fantastische Geschichten zu, und auch die naturwissenschaftlich Interessierten kommen auf ihre Kosten.

Zum Thema Wasser lassen sich viele Experimente machen. Sehr einfach ist es, ein Marmeladenglas mit Wasser und Öl zu füllen und die beiden Flüssigkeiten, die sich niemals mischen, in Bewegung zu beobachten. Das Wasser färben wir z.B. grün, das Speiseöl lässt sich mit Paprikapaste sehr gut rot einfärben.

Fischer, wie tief ist das Wasser?
Bewegungsspiel ab 3 Jahren

Bei diesem Spiel stehen sich ein Fischer und der Rest der Gruppe jeweils an einer Seite des Platzes gegenüber. Die Kinder rufen gemeinsam: „Fischer, Fischer, wie tief ist das Wasser?" Der Fischer nennt eine Anzahl von Metern. Dann fragt die Gruppe: „Wie kommen wir da rüber?" Nun nennt der Fischer einen Meeresbewohner (z.B. Hai, Qualle, Tintenfisch, Seepferdchen, Walfisch). Darauf stellen alle die typische Fortbewegungsart des Tieres dar und versuchen so, auf die andere Seite zu gelangen. Der Fischer, der selbst auch das gewählte Tier darstellt, versucht derweil, Kinder zu fangen, die ihm in der nächsten Runde behilflich sein müssen.

Nach dem Spiel können die genannten Meeresbewohner noch einmal besprochen und auf Bildern genauer angeschaut werden. Für jedes Wassertier werden Bewegungsvorschläge gezeigt und die typischen Merkmale herausgestellt.

Mit Delfinen schwimmen
Partnerspiel ab 4 Jahren

Die meisten Kinder lieben Delfine. Sie sind geschickt und intelligent, spielen gerne und nehmen Kontakt mit Menschen auf, und sie lassen sich sogar für Therapiezwecke einsetzen.

Material: Organisieren Sie jeweils Schwimmreifen oder Bälle (so viele wie Paare) und Seile.

Es werden Paare gebildet, jeweils Dompteur und Delfin. Die Dompteure stehen am Beckenrand, während die Delfine sich im Becken tummeln. Die Fische richten sich auf, bewegen die Flossen und

schwimmen mit ihren kräftigen Schwanzflossen rückwärts. Dann schießen sie wieder los und tauchen schnell umher. Ruft der Dompteur vom Rand aus den Namen seines Delfins, ist dieser sofort zur Stelle. Der Mensch wirft einen Gummireifen ins Becken und der Tümmler holt diesen sogleich zurück. Lässt der Mensch seine Hände kreisen, so rollt sich der Tümmler im Wasser. Auch Springen und Laute von sich geben wird trainiert. Die Kinder überlegen sich Kommandos und kleine Kunststücke.

Dann bekommen die Delfine Geschirr angelegt. Seile werden von hinten über die Schultern um die Achsel gelegt, so dass ein Würgen am Hals ausgeschlossen ist. Und schon kann es losgehen. Delfin und Mensch schwimmen gemeinsam durch den Ozean. Als ein großer Hai auftaucht (Spielleitung), rettet der Delfin sein Menschenkind. Dann werden die Rollen getauscht.

Das Fischernetz
Bewegungsspiel ab 6 Jahren

Material: 1 Fallschirm oder ähnliches Tuch

Ein großes Tuch wird zu einem Fischernetz. Zwei Kinder sind die Fischer und versuchen, die anderen Kinder in einer Ecke des Raumes zusammenzutreiben. Wie in der Realität entwischen viele Fische. Einige jedoch werden gefangen und landen im Netz. Das Tuch wird auf den Boden gelegt, und die Fische legen sich darauf. Dann wird das Netz einmal quer durch den Raum geschleift, was den Kindern großes Vergnügen bereitet. Die Fische kommen in ein „Becken" (mit Stühlen oder Bänken abgegrenzter Raum), bis ein Fisch übrig geblieben ist.
Variante: Die gefangenen Fische werden selbst zu Fischern und helfen beim Fangen.

Die Riesenwelle
Bewegungsspiel ab 5 Jahren

Material: 1 möglichst großes, leichtes Tuch, am besten 1 Fallschirm
Zwei Personen nehmen sich das Tuch an den zwei Ecken vorne. In verschiedenen Tempi (Seitgalopp, Gehen) führen sie das Tuch gespannt durch die Halle, wobei das Ende locker mitschleift bzw. mitflattert.
Die Gruppe hat die Aufgabe, sich der Gewalt der Riesenwelle zu entziehen indem sie darunter hindurchtaucht. Kommt die Welle auf sie zu, werfen sie sich zu Boden und rollen sich weiter. Ist die Welle weitergerollt, richten sich die Kinder wieder auf und warten auf die nächste Welle.
Die Wellen unterscheiden sich in Geschwindigkeit und Höhe. Manchmal reicht es, sich zu bücken, manchmal müssen die Kinder ganz auf den Boden, um unbeschädigt wieder auftauchen zu können.

Wer wird im Meer vermisst?
Fingerspiel ab 3 Jahren

Helga Zachmann

Sag mir doch mal, was das ist,
im Meer wird dieses Tier vermisst?
Auf und zu macht es sein Haus.
Beide Hände zu einer Schale formen und
auf- und zuklappen
Das Tier kommt aber nie heraus.
Harte Schale, weicher Kern,
was das ist, das wüsst' ich gern.
(*Muschel*)

Sag mir doch mal, was das ist,
im Meer wird dieses Tier vermisst?
Dicker Schädel, achtmal Bein,
Finger nach unten halten und bewegen,
Bewegungen des Kraken imitieren
wer kann dieses Tier wohl sein?
Mit der Tinte, schwarz und grell,
wird es unsichtbar ganz schnell.
(*Tintenfisch*)

Sag mir doch mal, was das ist,
im Meer wird dieses Tier vermisst?
Reiten kann es niemand hier,
Arm vor den Körper halten, Ellenbogen und Hand-
gelenk stark anwinkeln. Die Hand spielt den Kopf
das zärtlich, süße Meerestier.
Pferdchen klein, mit Ringelschwanz,
lädt dich ein zum Wellentanz.
(*Seepferdchen*)

Sag mir doch mal, was das ist,
im Meer wird dieses Tier vermisst?
Ist sein Haus ihm erst zu klein,
Hände aneinander legen, die Daumen stellen den
Kopf, Zeige- und Mittelfinger die Scheren dar
zieht er halt woanders ein.
Mit den Scheren, groß und schwer,
zeigt er seine Gegenwehr.
(*Krebs*)

Sag mir doch mal, was das ist,
im Meer wird dieses Tier vermisst.
Im Maul, da fehlt ihm jeder Zahn,
Großes Maul mit den Armen andeuten
er spritzt, das ist der helle Wahn.
Fontäne mit den Händen andeuten
Er passt in keinen kleinen Saal,
Auf den Raum zeigen
ihr wisst, es ist ein großer ...
(*Wal*).

Unter Wasser
Spielgeschichte ab 6 Jahren

Material: Je nach Räumlichkeit Hindernis („Riff")
aus Stühlen, Bänken o.ä. aufbauen. 1 Tisch als
„Wrack", 1 Kistchen als Schatztruhe

Während erzählt wird, stellen die Kinder die Geschichte dar. Dinge, die spontan passieren, sollten
einfach in die Erzählung mit einfließen. Unter
Wasser bewegen wir uns langsamer und sind ein-
deutig leichter. Auch Astronauten üben das Arbeiten in der Schwerelosigkeit unter Wasser. Die Kinder sollen sich nun vorstellen, sie seien Taucher.
Wie fühlt es sich an, unter Wasser zu sein? Die Bewegungen werden am besten von einer sphäri-
schen „Unterwassermusik" begleitet. Die Kinder
üben vorwärts- und rückwärtstauchen. Sie machen Handzeichen aus: Alles okay? Ja! Wie spät ist
es? Lass uns noch ein wenig tiefer gehen. Nein,
mein Sauerstoff reicht nicht, ich muss hinauf!
Danach bilden sich Gruppen zu je drei bis vier
Kindern. Sie machen gemeinsam einen Tauch-
gang. Ein erfahrener Taucher schwimmt voran
und zeigt den Weg, durch das „Riff". Dann entdeckt einer ein Wrack. Darin findet die Tauch-
gruppe einen Schatz. Die Kinder tauchen mit dem
Schatz wieder auf.

Entspanne als Seestern
Entspannungsübung ab 3 Jahren

Material: Decken oder Matten, 1 Tuch

Die Kinder legen sich zur Entspannung auf den
Rücken. Sie strecken alle Viere von sich und stellen sich vor, Seesterne auf dem Grunde des Mee-
res zu sein. Sie fühlen sich behaglich und wohl,
räkeln sich im warmen Wasser und bewegen die
Finger und Fußzehen. Als die Sonne untergeht,
wird das Wasser kälter und die Seesterne rollen
sich zusammen. Sie liegen auf der Seite und

schließen die Augen. Am nächsten Morgen werden sie von den Sonnenstrahlen geweckt (die
Gruppenleitung geht mit einem Tuch herum und
lässt es einmal über den Körper jedes Kindes gleiten). Nun öffnen sich die Seesterne wieder und
dösen in voller Größe im warmen Wasser.

Bewegungsaufgaben im Meer
Spiel mit Instrumenten ab 4 Jahren

Material: Klangbausteine, Metallofone oder Glockenspiel

Einige Kinder erzeugen mit den Instrumenten
lang klingende Töne. Lassen Sie die Kinder in die
Welt der Meere abtauchen: Welche Fische schwimmen dort herum? Wie schwimmt ein Tintenfisch,
ein Sägefisch, ein Seepferdchen, ein Walfisch?
Wie bewegen sich Algen oder Krebse?
Dann fragen Sie nach verrückten Gegenständen,
die dort herumschwimmen oder am Meeresbo-
den liegen: ein alter Schuh, eine Sardinendose,
ein Autoreifen. Wie bewegen sich diese Sachen
vorwärts?

Der Unterwasserclub

Tanzlied ab 4 Jahren

Text/Musik: Wolfgang Hering ⊙ Nr. 2

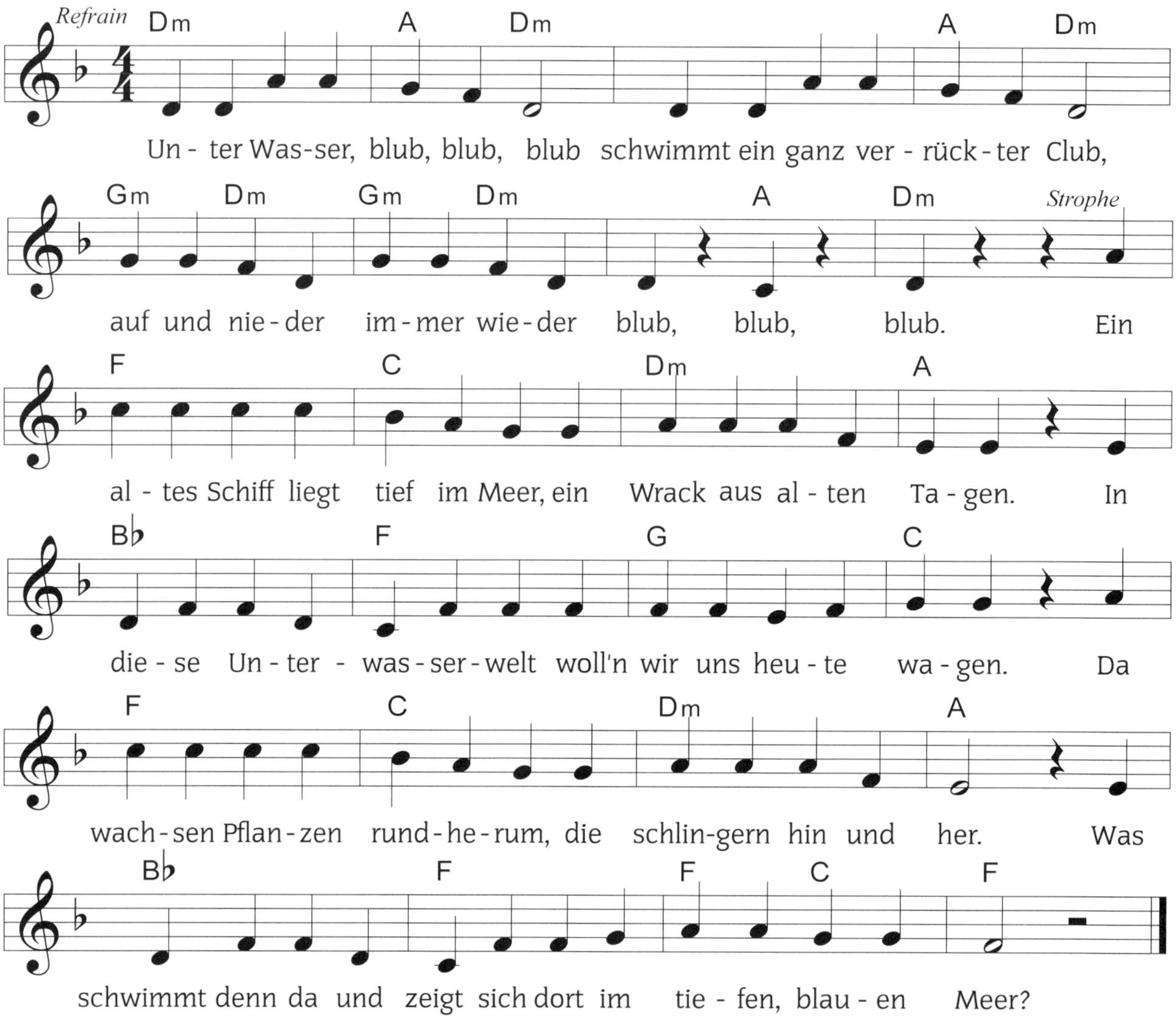
Refrain
Dm A Dm A Dm
Un - ter Was-ser, blub, blub, blub schwimmt ein ganz ver - rück - ter Club,
Gm Dm Gm Dm A Dm
auf und nie - der im - mer wie - der blub, blub, blub.
Strophe
Ein
F C Dm A
al - tes Schiff liegt tief im Meer, ein Wrack aus al - ten Ta - gen. In
B♭ F G C
die - se Un - ter - was - ser - welt woll'n wir uns heu - te wa - gen. Da
F C Dm A
wach - sen Pflan - zen rund - he - rum, die schlin-gern hin und her. Was
B♭ F F C F
schwimmt denn da und zeigt sich dort im tie - fen, blau - en Meer?

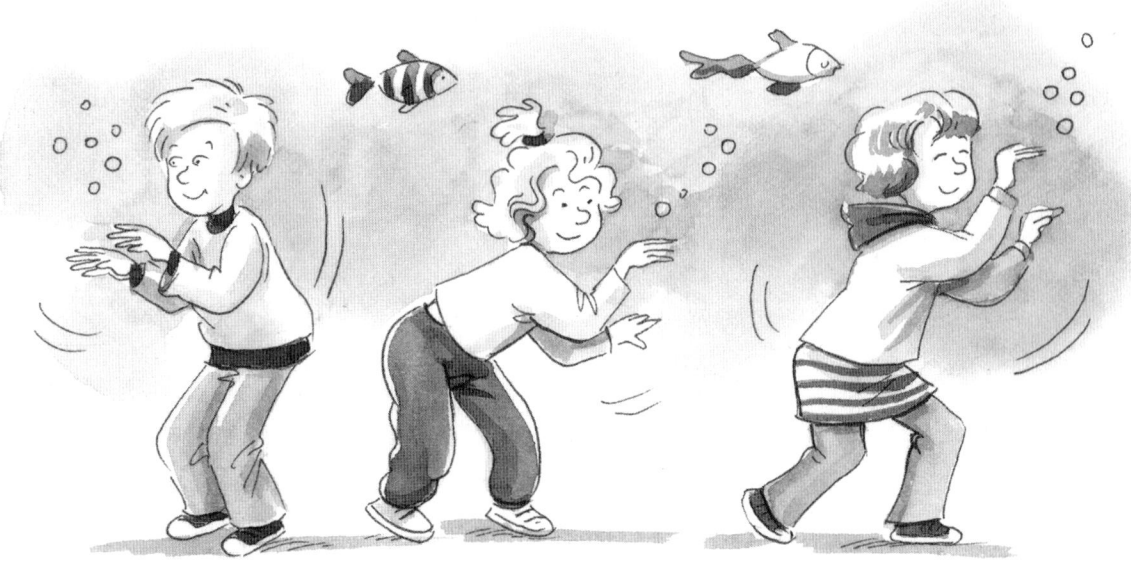

Refrain
Unter Wasser, blub, blub, blub,
Knie sind etwas gebeugt, die Arme vor den Körper genommen; zum „Blubb" werden die Hände ab-wechselnd plötzlich geöffnet
schwimmt ein ganz verrückter Club,
auf und nieder immer wieder
Knie strecken und beugen
blub, blub, blub.
Wieder platzen drei Luftblasen. Besonders ein-drucksvoll ist es, wenn die Blasen in verschiedene Richtungen platzen und auch der Blick sich dorthin wendet

1. Ein altes Schiff liegt tief im Meer,
ein Wrack aus alten Tagen.
In diese Unterwasserwelt
woll'n wir uns heute wagen.
Wrack pantomimisch darstellen
Da wachsen Pflanzen rundherum,
die schlingern hin und her.
Arme und Beine bewegen
Was schwimmt denn da und zeigt sich dort
im tiefen, blauen Meer?

2. Die Flossenfische schwimmen schnell,
Hände und Arme wie Flossen bewegen
sind bunte Zeitgenossen.
Überall da wackeln sie
mit ihren langen Flossen.
Manchmal werden die ganz schlapp,
die Lappen hängen schwer
Arme baumeln lassen
an ihren Körpern schlaff herab,
nichts schwimmt mehr hin und her.

Refrain

3. Da kommt ein großer weißer Hai
mit scharfen, spitzen Zähnen.
Ein Kind spielt den Hai, der bedrohlich sein Maul (Arme) auf- und zuklappt, alle anderen Fische brin-gen sich in Sicherheit
Der öffnet weit sein Riesenmaul,
als wär er grad beim Gähnen.
Im Grunde ist der Hai ganz lieb
und schmust mit dir sodann.
Hai kuschelt mit einigen Fischen
Am besten ist, du fängst mit dem
hier keinen Streit erst an.

4. Ein paar Kraken schwimmen dort,
sehn aus schon ganz verboten.
Zwei bis drei Kinder stellen sich hintereinander
und bewegen ihre Arme, als wären sie Kraken
Sie haben viele Arme dran,
die sich auch mal verknoten.
Arme verbinden sich
Die Arme greifen hier und da,
sie wackeln ganz schön grell
und drehn sich dann im Kreis herum
Herumdrehen
fast wie ein Strudel schnell.

Refrain

5. Da schwebt doch glatt ein U-Boot ran,
Hinter einem Kind versammelt sich die Hälfte der
Gruppe, das Kind hält den Arm als Periskop nach
oben
bei dem viel Lichter blinken
mit Bullauge und Luke dran,
das lässt sich runtersinken.
Und Taucher kommen da heraus,
Mit den Händen große Taucherbrillen andeuten
erforschen hier den Platz
und finden dann im Schiff ganz tief,
Mensch, einen alten Schatz.
Kiste wird pantomimisch geborgen und bejubelt

6. Ein Goldfisch blubbert und ruft: „Halt!"
Großen Goldfisch andeuten und laut: „Halt!" rufen
Ich bin der König hier.
Ich bin verzaubert schon sehr lang.
Der Schatz gehört doch mir.
„Wir jagen jetzt das U-Boot weg,
Die andere Hälfte der Gruppe erscheint als „Fisch-
volk" und wirbelt wild herum
verteidigt nun mein Reich."
Da wirbeln alle Fische wild,
die Taucher werden bleich.

Schlussteil (Melodie wie Strophe)
Das U-Boot flieht mit Mann und Maus
Die „Taucher" rennen weg
ganz weit hinweg sogleich,
die Fische schwimmen wieder still
durch ihrem großen Teich.
„Fische" schwimmen weiter

3. Wir können Freunde sein

Fragen Sie zunächst die Kinder, wen sie alles als Freunde bezeichnen, z.B. Haustiere, Kuscheltiere, Nachbarskinder, Freunde in Kindergarten und Schule. Heutzutage gibt es ja viele Einzelkinder. Da ist es besonders wichtig, dass die Kinder Freundschaften schließen. Spielpartner wollen gefunden, Außenseiter in die Gruppe geholt werden. Und manchmal ist auch ein Streit notwendig. Zu einer guten Freundschaft gehört auch der Rollenwechsel; sich einmal durchzusetzen und dann wieder nachzugeben. Einigen Kindern fällt das schwer. Es ist eine Binsenwahrheit, dass Kinder sehr verschieden sind. Trotzdem ist es auch wichtig, die Gemeinsamkeiten hervorzuheben.

Schau genau
Wahrnehmungsübung ab 7 Jahren

Teilen Sie die Gruppe in einen Außen- und einen Innenkreis, wobei sich immer zwei Kinder gegenüberstehen. Die Partner haben die Aufgabe, genau zu schauen, was der andere anhat und wie er seine Kleidung, Schmuck, Frisur usw. trägt. Dann drehen sich die Kinder im Außenkreis um, die im Innenkreis verändern nun eine Kleinigkeit an ihrem Aussehen. Beispielsweise wird ein Knopf geöffnet, oder die Haare werden hinter das Ohr gestreift. Die Partner dürfen sich wieder herumdrehen und sollen herausfinden, was verändert wurde.
Dann werden die Rollen getauscht. Für die nächste Runde gehen die Kinder des Innenkreises eine Station weiter. So bleibt das Spiel spannend.

Wer bin ich
Ratespiel ab 6 Jahren

Die Namen der Kinder werden auf Kärtchen geschrieben und dann gezogen. Kein Kind sollte den eigenen Namen ziehen. Nehmen Sie deshalb mindestens zwei Farben.
Nun soll die Person auf dem Kärtchen in der Ich-Form beschrieben werden, z.B.: Ich bin ein Mädchen. Ich liebe Pferde und komme morgens mit dem Bus ... Wer eine Vermutung hat, um wen es sich handelt, der hebt die Hand. Wichtig ist: Es dürfen nur neutrale oder positive Bemerkungen gemacht werden.

Wir laufen durch die Gegend

Rhythmikspiel ab 6 Jahren

Wolfgang Hering

Wir   lau - fen durch die   Ge - gend nur   ei - ne kur - ze Zeit   und
Dann   tren - nen wir   uns   wie - der, gehn   flott al - lein um - her,   nicht

su - chen ei - nen Part - ner, wir   ge - hen dann zu zweit.   Wir
im - mer nur im   Krei - se,   nein,   rich - tig kreuz und quer.   Und

la - den auch noch an - dre   zu   dem Spa - zier - gang ein,
end - lich blei - ben wir   zum____   Aus - ruhn ein - fach stehn,   wir

denn wir wol - len al - le   doch   gu - te Freun - de sein.
win - ken in   die Run - de,   das   war's, auf Wie - der - sehn.

Wir **lau**fen **durch** die **Ge**gend
Kreuz und quer im Raum herumlaufen
nur **ei**ne **kur**ze **Zeit**
und **su**chen **ei**nen **Part**ner,
Hand geben
wir **ge**hen **dann** zu **zweit**.

Wir **la**den **auch** noch **an**dre
Beim Gehen tun sich Paare zusammen
zu **dem** Spa**zier**gang **ein**,
denn wir **wol**len **al**le
doch **gu**te **Freun**de **sein**.

Dann **tren**nen **wir** uns **wie**der,
Paare trennen sich
gehn **flott** all**ein** um**her**,
nicht immer nur im Kreise,
Schließlich geht jeder allein umher
nein, **rich**tig **kreuz** und **quer**.

Und **end**lich **blei**ben **wir**
zum **Aus**ruhn **ein**fach **stehn,**
Stehen bleiben
wir **win**ken **in** die **Run**de,
das war's, auf **Wie**der**sehn**.
Winken und „Auf Wiedersehen" mitsprechen

Spielanregung

Sie sprechen rhythmisch den Text, am besten unterstützt vom Klang einer Handtrommel oder vom Klopfen der Klanghölzer. Das Stück hat drei Teile und kann beliebig oft wiederholt werden. Eine weitere Herausforderung könnte es sein, das Stück mal ganz schnell, mal ganz langsam, mal sehr leise oder ganz laut zu sprechen.

Vom Streiten und Vertragen

Singspiel ab 4 Jahren für Paare

Text: Helga Zachmann/Wolfgang Hering
Musik: Helga Zachmann

Wir sind gu-te Freun-de, weil ich dich so mag. Zu-sam-men sind wir bei-de

wirk-lich rich-tig stark. Doch geht mir was zu weit, dann ha-ben wir mal Streit und

mir ver-geht die Lust, ich spü-re nur noch Frust. Dann kommst du auf mich zu, sagst

hal-lo, hör mal zu. O. K., es tut mir Leid, ich will jetzt kei-nen Streit.

A-Teil

Wir sind gute Freunde,
weil ich dich so mag.
Zusammen sind wir beide
wirklich richtig stark.

A-Teil

La la, la la, la la, dib di, dib di dei.
La la, la la, la la, wir sind wieder zwei.

Die Kinder bilden Paare. Während des A-Teils geben sie sich die Hände und hopsen im Raum herum. Der Text ist sehr einfach und kann schnell mitgesungen werden

B-Teil

Doch geht mir was zu weit,
dann haben wir mal Streit,

und mir vergeht die Lust,
ich spüre nur noch Frust.

Partner trennen sich, ein Kind bleibt mit verschränkten Armen stehen und stampft beleidigt mit dem Fuß auf

Dann kommst du auf mich zu,
sagst hallo, hör mal zu.
O.K., es tut mir Leid,
ich will jetzt keinen Streit.

Das andere Kind kommt von hinten zum Partner, tippt ihm auf die Schulter, und beide geben sich die Hände

A-Teil

La la, la la, la la, dib di, dib di dei.
La la, la la, la la, wir sind wieder zwei.

Zehn Freunde
Fingerspiel ab 3 Jahren

Wolfgang Hering

Zehn Freunde halt ich hier empor.
Ich stell sie euch jetzt alle vor.
Die Lisa hilft mir ab und zu
und bindet mir die Schuhe zu.
Mit Phillip spiel ich Knall auf Fall
draußen auf der Wiese Ball.
Beim Tragen hilft schon mal der Mark
und schleppt die Tasche, er ist stark.
Die Kim ist eine liebe Maus,
sie leiht mir manchmal Bücher aus.
Der Kevin, der ist auch nicht faul
und schützt mich vor dem starken Paul.
Der Jan vertraut mir dann und wann
ein richtiges Geheimnis an.
Sabrina ist ein Hauptgewinn
dann, wenn ich mal ganz traurig bin.
In Jakob steckt ein guter Kern,
er schenkt mir Süßigkeiten gern.
Die Laura ist ein großer Schatz,
sie geht mit auf den Rummelplatz,
und dieses Kind, das kleinste hier,
das lacht am lautesten mit mir.

Spielanregung
Sie können Namen aus ihrer Kindergruppe einsetzen. Beachten Sie die Betonungen der Wörter. Die einzelnen Aktionen werden pantomimisch dargestellt: Schuhe zubinden, Ball zuwerfen, schwere Tasche tragen, in einem Buch lesen, Boxerstellung, ein Geheimnis ins Ohr flüstern, traurig sein, Bauch reiben, Karussell andeuten, alle lachen. Oder lassen Sie die Kinder das jeweilige Reimwort sprechen.

Freundschaftliche Spots
Musikstoppspiel ab 6 Jahren

Sie lassen eine flotte Instrumentalmusik (Instrumental-CD Nr. 19) laufen und geben folgende Spots zum Thema Freundschaft in die Gruppe. Die Aktionen können in der Pause oder zur Musik ausgeführt werden. Für jede Aufgabe sollten sich neue Paare bilden:

- Auf die Schulter klopfen
- Fingerhakeln
- Sich kurz die Nasen reiben
- Hände zur Begrüßung schütteln
- Sich gegenseitig zuwinken
- Ein Geheimnis ins Ohr flüstern
- Alle mit gleicher Farbe der Hosen (des Hemdes, Pullovers) stellen sich zusammen
- Ein Geschenk übergeben
- Den anderen trösten
- Gemeinsam in ein Bilderbuch schauen
- Jemanden verfolgen
- Bewegungen des Gegenübers imitieren

Wir können Freunde sein

Thematisches Bewegungslied ab 4 Jahren

Text/Musik: Wolfgang Hering   Nr. 3

Ob im Nor-den o-der Sü-den, ein Haus aus Blech ist o-der Stein. Die Men-schen

sind ja so ver-schie-den und kön-nen trotz-dem Freun-de sein. Die Men-schen

sind ja so ver-schie-den und können trotz-dem Freun-de sein. Der ei-ne

ist ein rich-tig Dün-ner, der an-dre nimmt Ge-wicht in Kauf. Der mag die

Chips nur mit ro-ter So-ße, der an-dre Pom-mes mit Ma-jo drauf. Die ei-ne

hat sie-ben Ge-schwis-ter, der an-dre ist ein Ein-zel-kind. Man-cher

bum-melt und geht lang-sam, und der an-dre ist ein Wir-bel-wind.

Refrain:
Ob im Norden oder Süden,
Die Gruppe steht im Kreis – rechte Hand weist
nach rechts, dann die linke nach links
ein Haus aus Blech ist oder Stein,
Hände als Spitzdach über den Kopf halten
die Menschen sind ja so verschieden
Einmal um sich selbst drehen
und können trotzdem Freunde sein.
Auf die Schultern der Nachbarn klopfen

1. Der eine ist ein richtig Dünner,
Mit Händen zeigen
der andre nimmt Gewicht in Kauf.
Dicken Bauch andeuten
der mag die Chips nur mit roter Soße,
der andre Pommes mit Majo drauf.
Essbewegungen
Die eine hat sieben Geschwister,
Mit den Fingern anzeigen
der andere ist ein Einzelkind.
Daumen hochhalten
Mancher bummelt und geht langsam,
Langsam gehen
und der andre ist ein Wirbelwind.
Auf der Stelle laufen

2. Diese gehen gern in die Kirche,
Hände falten
andre in die Moschee zum Gebet.
Hände auf die Oberschenkel und verneigen
Manche stehen gerne früh auf,
Arme strecken
andre sind wach bis abends spät.
Auf die Uhr deuten

Der eine liebt das Autofahren,
Hände ums „Lenkrad"
dem andren wird da immer schlecht.
Bauch halten
Mancher ist häufig ein Tollpatsch,
Stolpern
und jener kommt allein zurecht.
Daumen hochstrecken

3. Einige sind richtig schüchtern,
An den Fingernägeln knabbern
und sie brauchen sehr viel Zeit.
Andre sind zu jedem Späßchen
Tag und Nacht bereit.
Zwei Finger hinter den Kopf halten
Der da will zum Mond mal fahren,
andre schaun immerzu TV.
Ihr sagt Tschüss, auf Wiedersehn,
und wir, wir sagen einfach Ciao.
Allen zuwinken

Die Kinder können den Refrain im Stehen mitsingen und die Bewegungen ausführen: In den Strophen stellen sie die Aktionen dar oder gehen jeweils vier Schritte vorwärts und dann rückwärts (alternativ nach rechts und links).

Felix Freund

Rollenspiel ab 4 Jahren

Wolfgang Hering

Achtung, gleich da kommt ein Geist,
der's lieb mit Kindern meint.
Ich sag euch, wie der Gute heißt,
das ist der Felix Freund.

Er schlichtet Streit, und er macht Mut,
mit Spaß und viel Humor.
Freundschaft bilden kann er gut.
Er schlägt ein Spiele uns vor.

Spielanregung

Material: 1 Tuch, Triangel oder Glockenspiel

Ein Kind bekommt ein großes Tuch (eventuell mit zwei Löchern für die Augen) und verwandelt sich in Felix Freund. Verwenden Sie eine Triangel oder ein Glockenspiel (Spielleitung); das macht die Situation etwas geheimnisvoller. Der Text wird gesprochen. Dann schlägt Felix eine Tätigkeit vor (z.B.: Fußballspielen, Wettlaufen, Versteckspielen, Schwimmen gehen), die alle ausführen müssen, bis die Triangel erklingt. Dann übergibt er das Tuch an einen neuen Geist.

4. Wir machen viel Wind

Dieses Thema bietet sich besonders im Herbst an. Wir können fallende Blätter beobachten und versuchen, einige aufzufangen. Sie fallen, trudeln, schweben oder werden vom Wind aufgewirbelt. Eine Ahornnase schraubt sich schnell nach unten, während ein großes Kastanienblatt weit fortgerissen wird usw. Wie können Kinder mit dem Wind spielen? Unsere Idee ist, kleine handliche Windrädchen zu verwenden. In Gehrichtung gehalten, drehen sie sich selbst in geschlossenen Räumen und auch bei geringer Laufgeschwindigkeit. Zur Musik entstehen lange, gebundene Bewegungen. Die Kinder drehen sich und tanzen mit den Rädern, um diese in Bewegung zu halten.

Du bist der Wind
Darstellungsspiel ab 6 Jahren

Die Kinder stehen im Kreis. Jedes denkt sich eine bestimmte Erscheinungsform des Windes und ein passendes Geräusch dazu aus. Nun darf jedes seinen eigenen Wind und die dazu passenden Bewegungen den anderen vorstellen. Von einer leichten Frühlingsbrise bis zum verheerenden Hurrikan ist alles erlaubt. So erleben wir die unterschiedlichsten Spielarten des Windes.

Wind, nimm mich mit!

Mitmachgeschichte ab 4 Jahren

Helga Zachmann

Material: 2 Chiffontücher

Die Kinder suchen sich im Raum einen Platz, gehen in die Hocke und kauern sich zusammen. Die folgende Geschichte wird so langsam bzw. mit Pausen erzählt, dass die Kinder genug Zeit haben, um die Story mit ihrem Körper darzustellen.

Du bist ein kleines Samenkorn und ruhst in der Erde. Du wartest, denn deine Zeit ist noch nicht ganz gekommen. Der Boden ist feucht, es hat geregnet. Die Sonne wärmt dich, und du fühlst dich langsam kräftiger. Du atmest einige Male tief ein und richtest dich ein wenig auf. Ein kleiner grüner Keim hat sich gebildet und möchte in Richtung des Lichtes wachsen. Deine aneinander gelegten Hände wachsen empor und durchbrechen den Erdboden. Endlich! Hier gibt es frische Luft und helles Frühlingslicht.

Du wächst weiter empor und bekommst einen ganz langen Stängel. Oben angekommen, bilden deine Hände eine dicke Knospe. Sie ist so prall und schön, dass sie aufblühen muss. Die Knospe öffnet sich, und du führst mit einem tiefen Einatmen deine Arme auseinander. Du bist ein gelber Löwenzahn und stehst in voller Pracht auf der Wiese. Die Sonne scheint warm, und viele Insekten besuchen deine prachtvolle Blüte. Du bist sehr zufrieden und verwandelst dich in eine weiße Pusteblume. Aus deinen gelben Blütenblättern sind nun viele kleine zarte Schirmchen geworden.

Da kommt der erste Herbstwind. Dein Stängel wiegt sich im Wind. Du schwankst und wiegst dich wie ein Grashalm. Nun bist du so ein kleines weißes Schirmchen auf dem Stängel deiner Blume. Du kannst es kaum erwarten, du möchtest unbedingt mitfliegen mit all den andern Löwenzahnsamen. Und da passiert es: Ein kräftiger Windstoß reißt dich fort und trägt dich mühelos davon. (*Hier kann Musik eingespielt werden*). Du fliegst! Du schwebst hinauf. Es geht hinauf und hinunter. Der sanfte Wind wirbelt dich herum und nimmt dich schnell mit sich fort. Der Wind wird schwächer, und du schwebst langsam zu Boden. Fast wärest du gelandet, da kommt die nächste Böe und hebt dich wieder empor. So geht das einige Male.

Dann beruhigt sich der Wind, und es wird ganz still. Du schwebst langsam und sanft zu Boden. Ganz zart setzt du auf der Erde auf. Du machst es dir auf diesem Platz bequem. Hier wirst du ruhen, bis du im nächsten Jahr wieder vom Regen und der Sonne geweckt wirst. Der Schnee deckt dich sanft zu.

Gehen Sie mit Chiffontüchern durch die Reihen der Kinder und berühren Sie sie an Armen, Kopf oder Rücken

Fünf Bäume schaukeln im Wind
Fingerspiel ab 4 Jahren

Wolfgang Hering

Fünf Bäume bilden meine Hand,
die ganz verschieden sind.
Die Zweige biegen sich ganz krumm
und schaukeln so im Wind.

Die Eiche hat sehr hartes Holz,
steht fest bei Wind und Regen.
Im Herbst da liegt ihr braunes Laub
auf vielen Wanderwegen.

Hier seht ihr den Kastanienbaum,
er wird manchmal ganz munter,
denn bläst der Wind, dann poltern die
Kastanien alle runter.

Die Kokospalme macht sich lang,
hat Früchte in der Spitze.
Sie wackelt wild im Tropensturm
und liebt die große Hitze

Der Kirschbaum zieht die Kinder an,
da braucht man lange Beine.
Wer Kirschen isst, der passt gut auf,
sie haben kleine Steine.

Die kleine Tanne hier, die hat
nur Nadeln, keine Blätter.
Im Winter ist sie trotzdem grün
bei eisig kaltem Wetter.

Und Sturm erleben alle mal.
Er rüttelt an der Rinde.
Danach scheint dann die Sonne neu,
es wehen sanfte Winde.

Spielanregung
Das Stück wird mit einer Hand dargestellt. Sie können die Finger mit der anderen Hand greifen oder auch nacheinander heben. Beginnen Sie mit dem Daumen. Am Ende wird die Sonne mit beiden Händen geformt. Die Finger schaukeln langsam hin und her.

Wind machen
Drei Fallschirmspiele ab 3 Jahren

Der Sturm
Die Kinder stehen im Kreis und halten den Fallschirm. Jedes Kind schüttelt kräftig am Tuch, um Wellen zu erzeugen. So entwickelt sich ein Sturm zum Tornado und wieder bis zur Windstille zurück.

Sich in Sicherheit bringen
Draußen ist der Wind so stark, dass wir uns schnell ins Haus in Sicherheit bringen müssen. Bei „Drei" gehen alle Kinder aus der Hocke nach oben und lassen den Fallschirm als Kuppel eine Weile in der Luft stehen. Alle Kinder, die etwas Rotes anhaben, dürfen unter dem Fallschirm hindurchlaufen und sich vor dem Wind in Sicherheit bringen. Verschiedene Farben werden aufgerufen, bis alle Kinder an der Reihe waren.

Im Auge des Tornados
Einige Kinder dürfen sich unter den Fallschirm legen. Die Gruppe zählt bis „Drei" und führt dann den Fallschirm kräftig nach oben. Es entsteht eine Kuppel, die langsam wieder zu Boden sinkt. Dies wird einige Male wiederholt. Dann kommen andere Kinder dran.

Das Jahreswetter
Rhythmikspruch ab 3 Jahren

Helga Zachmann/Wolfgang Hering

Im April, **im** April,
Rhythmisch auf die Schenkel patschen
macht das **Wet**ter, **was** es **will.**
Sonne,
Hände beschreiben eine Sonne
Regen,
Finger spielen Regentropfen von oben nach unten
Schnee
Hände tanzen als Flocken
und **Blitz.**
In die Hände klatschen
Das ist **manch**mal **nur** ein **Witz.**
Rhythmisch auf die Schenkel patschen

Im August, **im** August,
baden **wir** nach **Her**zens**lust.**
Auf die Schenkel patschen
Hitze,
Handrücken über die Stirn reiben
Sonne,
Hände beschreiben eine Sonne
Limo
Glas austrinken
Eis,
Eis schlecken
manchmal **ist** es **nachts** sehr **heiß.**
Rhythmisch auf die Schenkel patschen

Spät im **Jahr, spät** im **Jahr,**
wird das **Wet**ter **son**der**bar.**
Auf die Schenkel patschen
Regen,
Finger wirbeln
Nebel,
Hand vor die Augen halten
Sturm
und **Wind.**
Windgeräusche machen
Blätter fallen **nun** ge**schwind.**
Rhythmisch auf die Schenkel patschen

Neues **Jahr, neu**es **Jahr,**
bringt uns **Wet**ter **ei**sig **klar.**
Auf die Schenkel patschen
Kälte,
Schütteln
Handschuh,
Hände zeigen
Schnee
vorm **Haus.**
Wir holen **un**sern **Schlit**ten **raus.**
Rhythmisch auf die Schenkel patschen

Die Mühle braucht Wind

Traditionelles Spiel ab 3 Jahren

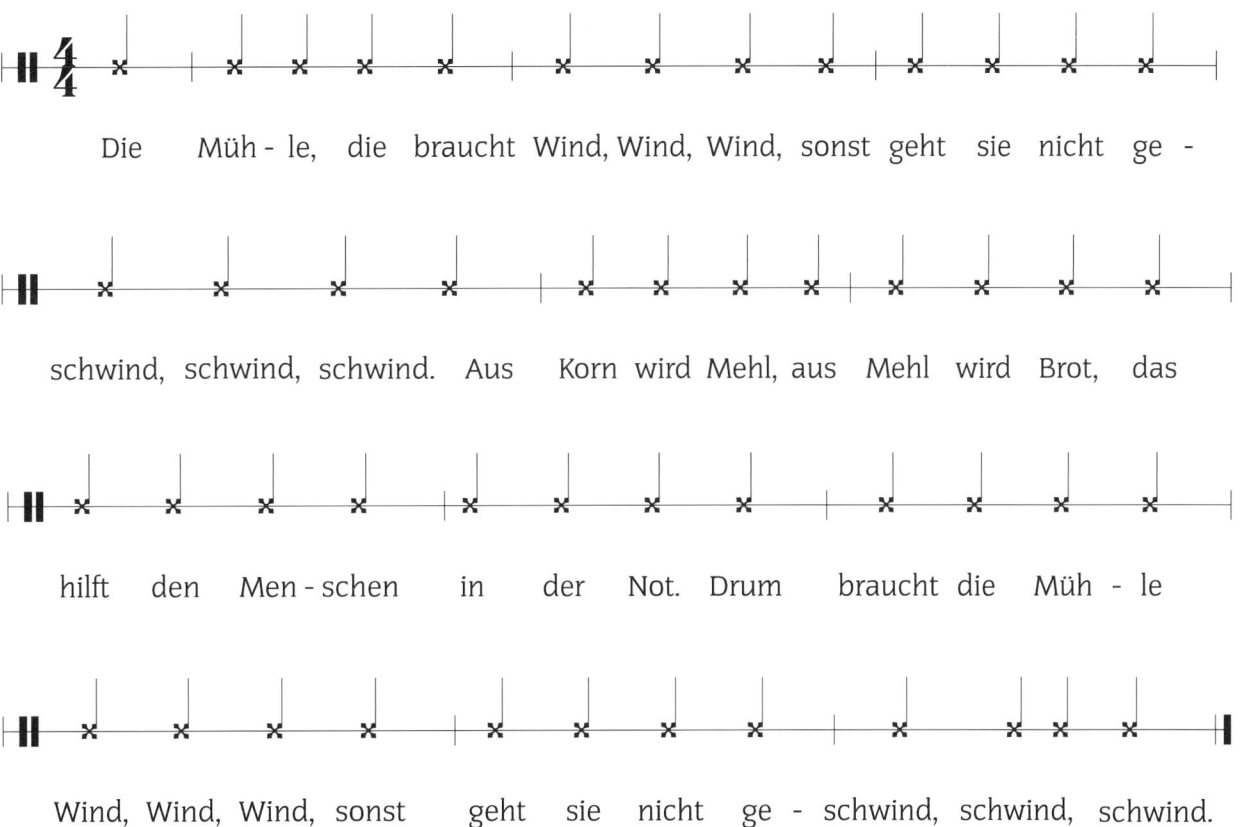

Die   Müh - le, die braucht Wind, Wind, Wind, sonst geht sie nicht ge -

schwind, schwind, schwind. Aus   Korn wird Mehl, aus Mehl wird Brot, das

hilft   den   Men - schen   in   der   Not. Drum   braucht die Müh - le

Wind, Wind, Wind, sonst   geht   sie nicht ge - schwind, schwind, schwind.

Die Mühle, die braucht Wind, Wind, Wind,
Windgeräusche
sonst geht sie nicht geschwind, schwind, schwind.
Arme wie Windmühlenflügel drehen
Aus Korn wird Mehl, aus Mehl wird Brot,
das hilft den Menschen in der Not.
Drum braucht die Mühle Wind, Wind, Wind,
sonst geht sie nicht geschwind, schwind, schwind.
Arme wie Windmühlenflügel

Windrad unterwegs
Offene Bewegung zur Musik ab 3 Jahren

Für jedes Kind sollte ein kleines Windrad vorhanden sein. Diese erhält man günstig in Spielzeuggeschäften, auf Jahrmärkten, oder wir bauen sie selbst.

Zu Beginn der Tanzeinheit sollte freies Ausprobieren stehen. Viele Kinder kennen das Prinzip und pusten spontan in das Windrad. Es dreht sich. Wie können wir das Windrad noch zum Drehen bringen? Lassen Sie die Kinder damit experimentieren. Wie langsam oder wie schnell kann es werden? Wie ist es, wenn ich mich am Platz drehe? Wie sollte ich das Windrad halten, damit es fröhlich herumwirbelt? Dreht es sich auch beim Winken? Was passiert, wenn ich die Richtung

Die Kinder bewegen sich mit dem Windrad zur Musik. Das Windrad unterstützt fließende und gebundene Bewegungen. Alles Eckige und Unterbrochene führt auch beim Windrad zum Bewegungsabbruch. Wählen Sie deshalb eine gebundene und fröhliche Musik aus. Für viele Kinder wird diese fließende Art, sich zu Musik zu bewegen, völlig neu sein, und sie werden Zeit brauchen, sich darauf einzustellen.

Dann begibt sich die Gruppe auf eine Seite, und jedes Kind darf einmal auf die andere Seite wechseln und dabei eine Bewegungsidee vorstellen, die alle übrigen ausprobieren. Hier können Hochpunkte und Tiefpunkte, Drehungen, Slaloms und Wellenbewegungen gezeigt werden.

Sammeln Sie alle Bewegungsideen. Sie werden in einem Tanz umgesetzt.

Windrad, komm mit mir

Tanzlied ab 3 Jahren

Text/Musik: Helga Zachmann/Wolfgang Hering  Nr. 4

Jedes Kind bekommt ein Windrad. Dann werden die vorgeschlagenen Spieltipps ausgeführt. Die Kinder sitzen zunächst am Boden und pusten ins Windrad.

Refrain:
Wind-, Wind-, Windrad, komm mit mir.
Mit den Windrädern durch den Raum bewegen
Wind-, Wind-, Windrad, tanz mit mir.
Hast du heute keinen Wind,
lauf ich mit dir ganz geschwind.

1. Saus ich in der Gegend rum,
bleibt das Windrad nicht mehr stumm.
Bleib ich auf der Stelle stehn,
hört es auf zu drehn.
Laufen und dann stehen bleiben

2. Und dann geht es runter, rauf,
dreht mal hier so richtig auf.
Keine Zeit, um auszuruhn.
Hoch und tief, geht's nun.
Mit dem Windrad Wellenbewegungen ausführen

Refrain

3 Wie ein Drehwurm wirst du gleich,
hoffentlich nicht kreidebleich.
Deine bunten Flügel hier
kreisen nun vor mir.

Refrain

4. Wenn sich zwei zusammentun,
wirbelt gleich ein Mühlrad nun.
Und da staunt das Publikum,
dreht's die Richtung um.
*Jeweils zwei Kinder haken sich ein. Beim Richtungs-
wechsel muss das Rädchen die Hand wechseln*

Refrain

5. Plötzlich bringt der Wind ein Tuch,
das kommt heute zur Besuch.
Schlangenkopf, wir folgen dir,
gehen als großes Tier.
*Ein Kind erhält ein buntes Tuch und führt die Grup-
pe in einer langen Kette. In Schlangenlinien geht es
ohne Handfassung durch die Halle*

Refrain

6. Alle Kinder bleiben stehn,
Windrad, hör mal auf zu drehn,
bis die lange Schlange jetzt
sich zur Ruhe setzt.
*Die Kinder bleiben stehen und setzen sich mit dem
Windrad auf den Boden*

5. Mit Hand und Fuß über Kreuz

Die wichtigsten Sinnesorgane (z.B. Augen, Ohren) und unsere Ausführungsorgane (wie Hände und Füße) sind paarig angelegt. Gehen, Klettern oder auch das Richtungshören sind komplexe Leistungen, die wir nur bewältigen können, weil unser Gehirn aus zwei Hemisphären besteht, die miteinander kommunizieren. Wollen wir beidhändig einen Ball fangen, Sprechen, Schreiben oder Musizieren, so ist ein harmonischer Gebrauch beider Hirnhälften notwendig.

Diese Verknüpfung wird durch Bewegungen unterstützt, die über die Körpermitte führen und über Kreuz ausgeführt werden. Auch Spiele, die mal die eine, mal die andere Körperhälfte ansprechen und sensibilisieren, sind für die Verknüpfung geeignet. Interessant ist, dass Kinder ein Gespür dafür zu haben scheinen, was ihnen gut tut. Unserer Erfahrung nach werden Kinder bei diesen Übungen hellwach und wollen sie durch häufiges Wiederholen völlig beherrschen lernen.

Fuß, Knie, Hüfte und Schulter
Koordinationsspiel ab 8 Jahren

Das folgende Spiel ist für Gruppen geeignet, die schon etwas vertrauter miteinander sind. Die Teilnehmer stehen in einem Kreis und bewegen sich gleichzeitig und rhythmisch. Hat die Gruppe die Bewegungen im Grundtempo automatisiert, kann das Tempo gesteigert werden. Die rechte Hand wird an die rechte Schulter des linken Nachbarn geführt, dann die linke Hand an die linke Schulter des rechten Nachbarn.

Dabei wechseln wir immer zwischen rechts und links und greifen weit nach außen. So werden verschiedene Körperstellen berührt, wobei wir hinunter- und langsam wieder hinaufwandern. Es beginnt also mit der Schulter, die nächste Station ist die Hüfte, darauf folgen Knie und Fuß. Dann geht es genauso wieder hinauf. Dabei kann die Gruppe die Namen der Körperteile mitsprechen, die berührt werden:
Schulter, Schulter,
Hüfte, Hüfte,
Knie, Knie,
Fuß, Fuß.

Variante: Im Fremdsprachenunterricht kommen die jeweiligen Vokabeln zum Einsatz. Mit der Zeit wird das Tempo gesteigert.

Der Klatschkreis
Impulsspiel ab 6 Jahren

Ein Klatschimpuls geht im Kreis herum. Die Kinder stehen locker auf dem Boden. Wird der Impuls weitergegeben, sollte der gesamte Körper mitgehen. Wir beginnen zunächst nach rechts und verbinden das Klatschen mit dem Ruf: „Ja". Jedes Kind kann die Richtung ändern und ruft dann ein „Nein". So läuft das Spiel einige Zeit. Später kann noch ein „Vielleicht" eingeführt werden, bei dem das Kind sein Gewicht auf beide Füße bringt und zu einem anderen auf der gegenüberliegenden Kreisseite klatscht. Dort muss der Angesprochene schnell eine Entscheidung treffen, ob „Ja", „Vielleicht" oder „Nein", wobei Kommando und Richtung übereinstimmen müssen.

Schubsertanz
Tanzidee ab 8 Jahren

Bei diesem Tanz werden verschiedene sanfte Schubser (sanfte Stöße mit Hand oder Hüfte) im Kreis herumgegeben. Legen Sie eine lustige Musik ein, und schon kann der Spaß losgehen.

- Mit der rechten Hand an der linken Schulter des rechten Nachbarn
- Mit der linken Hand an der rechten Schulter des linken Nachbarn
- Nach rechts mit der Hüfte
- Mit der rechten Hand in die rechte Kniekehle des linken Nachbarn

All diese Impulse werden irgendwann gleichzeitig im Kreis herumgegeben, was für viel Chaos und Lacher sorgt.

Die Geisterbahn

Klatschspiel ab 3 bzw. ab 7 Jahren

Helga Zachmann

In den meisten Grundschulklassen finden wir Klatschspiele und können auf einen schon vorhandenen Fundus zugreifen (siehe auch: W. Hering: Aquaka della oma – 88 alte und neue Klatsch- und Klanggeschichten, Ökotopia Verlag). Die Kinder können sich gegenseitig ihre Lieblingsklatschspiele beibringen. Diese werden von Schule zu Schule etwas anders gespielt. Es hat seinen besonderen Reiz, diese von den Kindern mündlich überlieferten Verse, die teilweise in Nonsense-Sprache verfasst sind, so weiterzutragen. Wir haben uns ein neues Klatschspiel ausgedacht.

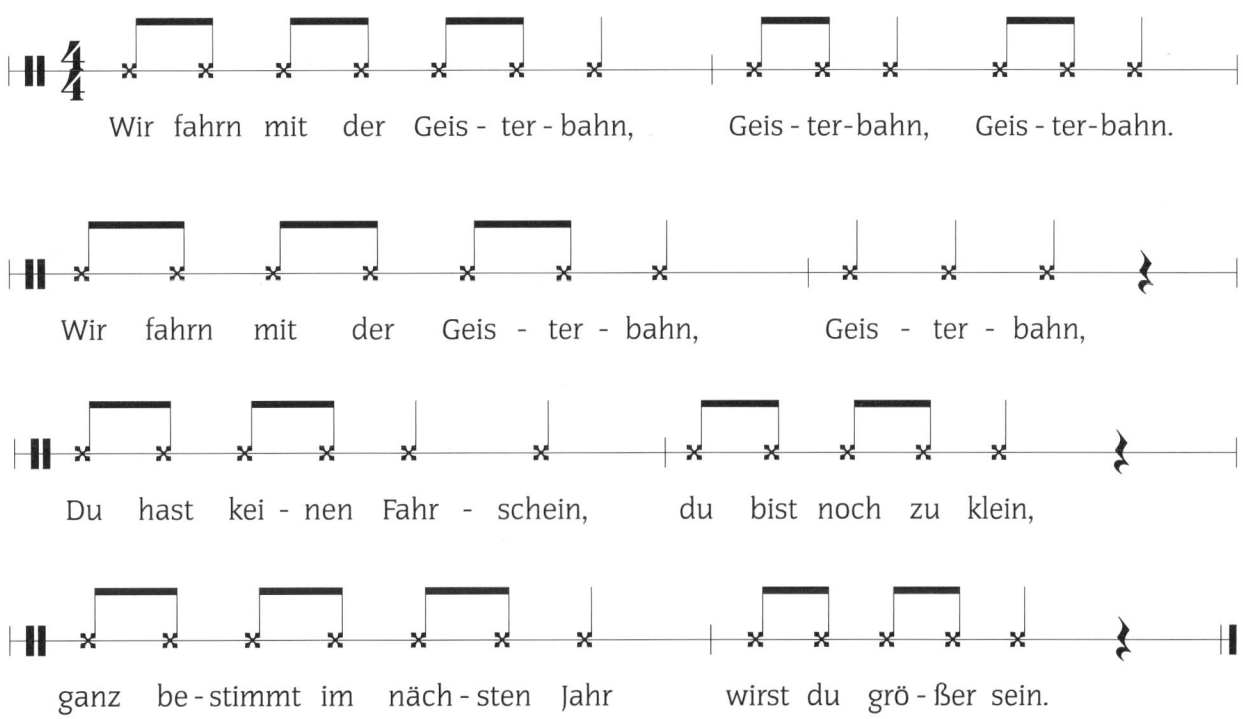

Wir fahrn mit der Geisterbahn, Geisterbahn, Geisterbahn,
wir fahrn mit der Geisterbahn, Geisterbahn
In die eigenen Hände klatschen, mit rechts kreuzen und in die rechte Hand des Gegenübers patschen, wieder in die eigenen Hände, mit links in die Linke des Partners, als Abschluss dreimal auf beide Hände des Partner patschen, mit Wiederholung
Du hast keinen Fahrschein, du bist noch zu klein,
ganz bestimmt im nächsten Jahr wirst du größer sein.

Mit der rechten Hand viermal auf die linke Schulter des Gegenübers klopfen, mit der linken auf die rechte Schulter klopfen, mit beiden Zeigefingern auf den Partner zeigen, seine Hände ergreifen und einmal um sich selbst drehen, dabei bleibt die Handfassung bestehen, Neubeginn

Wir fahren mit der Geisterbahn, Geisterbahn, Geisterbahn,
wir fahren mit der Geisterbahn, Geisterbahn.
Du hast einen Fahrschein, bist nicht mehr zu klein,
Komm, ich nehm dich mit, du steigst bei mir jetzt ein.

Spielanregung

Ältere Kinder können diesen Reim als Klatschspiel wie beschrieben ausführen. Für Vorschulkinder empfehlen wir, den Kehrvers als Abholspiel zu verwenden. Ein Kind beginnt und geht um die Gruppe herum. Endet der Vers, so wird angehalten, und ein Kind oder zwei dürfen in die Geisterbahn einsteigen. Die Kette wird immer länger, bis alle Kinder abgeholt sind.

Beidhändiges Malen
Gestaltungsaufgabe ab 4 Jahren

Jedes Kind hat ein großes Blatt Papier vor sich. In jeder Hand hält es einen Buntstift. Nun besteht die erste Aufgabe darin, beidhändig gegenläufige Kreise zu zeichnen. Später können Vierecke und Dreiecke dazukommen. Ein Bild entsteht und wird gleichzeitig auf der anderen Seite gespiegelt. Bei etwas älteren Kindern kann der eigene Name geschrieben und mit der anderen Hand gleichzeitig in Spiegelschrift übertragen werden.

Schlittschuhlaufen
Bewegungsspiel ab 4 Jahren

Jeweils zwei Zeitungsblätter oder umgedrehte Teppichfliesen werden verteilt. Die Kinder stellen jeweils einen Fuß darauf, und schon kann es losgehen. Mit großen Schritten gleiten wir zu Musik durch den Raum. Die Kinder müssen aufpassen, dass sie ihre „Schlittschuhe" nicht verlieren.

Stiller Gruß
Abschiedsspiel ab 4 Jahren

Als Abschiedsritual und um zur Ruhe zu kommen eignet sich dieses Spiel. Die Kinder bilden einen Kreis und nehmen sich bei den Händen. Alle schließen die Augen, und nun wird ein Händedruck im Kreis weitergegeben, bis er wieder beim Ausgangsort angekommen ist. Das Kind ruft: „Angekommen!" Sie können auch den Händedruck variieren, z.B. einmal lang, einmal kurz.

Am Fuß der sieben Berge

Tanzlied ab 4 Jahren

Text/Musik: Helga Zachmann/Wolfgang Hering   ⊙ Nr. 5

Refrain / F♯m

Am Fuß der sie- ben Ber - ge,— da wo-hnen die sie-ben Zwer - ge.— Dort

F♯m

wach-sen auch tol-le Bee - ren,— und die es-sen sie so gern.

F♯m / *Strophe*

Rot o-der blau, rund und süß, die Frü-chte sit-zen am Bo-den tief. Hi-

F♯m / Hm / F♯m / C♯ / F♯m

nun-ter-ge-bückt und schnell ge-pflückt, so wan-dert der Fund gleich in den Mund.

Refrain:
Am Fuß der sieben Berge,
da wohnen sieben Zwerge.
Dort wachsen auch tolle Beeren,
und die essen sie so gern.

1. Rot oder blau,
rund und süß,
die Früchte sitzen
am Boden tief.
Hinuntergebückt
und schnell gepflückt,
so wandert der Fund
erstmal in den Mund.

2. Sie nehmen sich oft
den ganzen Tag Zeit,
suchen die Beeren,
gehen meilenweit.
Sie strecken sich sehr,
mal kreuz, mal quer.
Das ist echt toll.
Der Korb wird voll.

Refrain 2×

3. Sie greifen nach hier,
greifen nach dort
und gehn immer weiter
vom Zuhause fort.
Und finden sie viel,
dann haben sie Glück.
Auf demselben Weg
geht's wieder zurück.

4. Am Abend gehn sie
dann nach Haus.
Sie setzen sich und
ruhn sich endlich aus.
Jeder Zwerg isst so viel
er vertragen kann.
So ein Traum in süß
kommt super an.

Refrain 2×

Das Tanzlied kann mit der gesamten Gruppe in Kreisform oder in Ketten von vier bis sechs Personen ausgeführt werden. Im Refrain wechselt der Gebrauch der beiden Füße, während in den Strophen der abwechselnde Gebrauch der Arme geübt wird.
Zum Refrain „Am Fuß der sieben Berge" gehen die Kinder hintereinander, die linke Hand liegt auf der linken Schulter des vorderen Kindes. Falls im Kreis getanzt wird, so dreht sich dieser gegen den Uhrzeigersinn. Der Blick ist nach rechts gewandt. Es werden fünf Schritte, rechts beginnend, gemacht. Beim letzten Schritt bleibt der rechte Fuß stehen, während der folgenden drei Taktschläge: „Sechs", „Sieben" und „Acht".

In den nächsten acht Zählzeiten beginnt dann der linke Fuß. Während des Refrains gibt es insgesamt vier Einheiten zum Gehen. Es beginnt mit

rechts, dann im nächsten Takt links, dann wieder rechts und noch mal links.
In den Strophen wenden sich alle zum Kreismittelpunkt, oder, falls in Ketten getanzt wurde, es gibt eine 90°-Drehung nach links. Jetzt stehen wir alle nebeneinander. Die Tänzer brauchen einen stabilen Stand, am besten etwas breitbeinig und tief in den Knien.

Es wird, immer über Kreuz, mal nach links, mal nach rechts gefasst und beim jeweiligen Nachbarn ein bestimmter Körperteil berührt, beginnend am Fuß, dann Knie, Hüfte und Schulter. Danach wird die Hand in Höhe des Ohrs nach außen gedreht. Folgt dann die linke Hand, docken alle automatisch an die rechte erhobene Hand des linken Nachbarn an. Die Hände werden aneinandergelegt und drehen sich zweimal wie Räder, die nach hinten rollen. Wir beenden die Phrase, indem wir uns um 180° drehen. Die Arme bleiben während der Drehung in ihrer Position, der Oberkörper wird hin- und hergewiegt. Hier wird nun der B-Teil noch einmal wiederholt. Danach bringen wir uns wieder in die Ausgangsstellung für Teil A.

6. Tanzen in den Straßen

Immer mehr Kinder leben in der Stadt. Zunehmender Verkehr und rege Bautätigkeiten reduzieren die Spielmöglichkeiten von Kindern. Die Stadt bietet allerdings auch viel Anregung und Abwechslung. Pendler nutzen die Stadt zum Einkaufen, Bummeln oder zum Besuch von Veranstaltungen.

Kinder wachsen in dieses geordnete Chaos von Straßengewirr, Verkehrsampeln und öffentlichen Verkehrsmitteln hinein und lernen, sich darin (hoffentlich) sicher zu bewegen. Wir haben versucht, das Thema „Straßenverkehr und Leben in der Stadt" spielerisch umzusetzen.

An der Ampel
Bewegungsspiel ab 4 Jahren

Material: grüne, gelbe, rote Karte aus Pappe, evtl. Kreide oder Stock, evtl. Rollbretter

Jedes Kind überlegt sich, was für ein Fahrzeug es darstellen möchte: Motorrad, Rennwagen, Pkw, Lastwagen usw. Linien, die zufällig auf dem Fußboden vorzufinden sind, können als Straßen und Kreuzungen dienen – oder sie werden mit Kreide aufgemalt oder (draußen) in den Boden geritzt. Das Spiel geht aber auch ohne Straßen. Die Spielleitung hält eine grüne Karte hoch, und schon geht es los. Alle fahren kreuz und quer mit ihren entsprechenden Fahrgeräuschen im Raum herum. Bei Gelb wird die Fahrgeschwindigkeit verringert, und bei Rot bleiben alle stehen. Falls genug Rollbretter vorhanden sind, kann das Spiel auch auf Rollbrettern liegend gespielt werden. Es dürfen keine Unfälle fabriziert werden.

Variante: Die Kinder bauen mit vorhandenen Materialien (Stühlen, Seilen, Hütchen etc.) Kreuzungen und Wege auf. An jeder Kreuzung steht ein Kind, das den Verkehr regelt. Dies kann es entweder mit farbigen Kärtchen (Rot, gelb, grün) tun oder wie ein Verkehrspolizist mit dem folgenden Spruch:

Siehst du Bauch oder Rücken,
musst du auf die Bremse drücken.
Siehst du Schulter oder Ohr,
dann fahr weiter vor!

Der Reifenstecher
Laufspiel ab 5 Jahren

Ein Kind ist der Fänger, wen es berührt, dem geht die Luft aus dem Reifen, und das Kind sinkt mit lautem Zischen zu Boden. Jedes andere Kind kann zu Hilfe eilen und den Reifen mit drei kräftigen Pumpbewegungen wieder aufpumpen. Das Spiel geht währenddessen aber weiter.

Krankenhausspiel
Laufspiel ab 8 Jahren
Material: 2 Turnmatten oder große Tücher

Ein turbulentes Kooperationsspiel! Die Turnmatten (oder Tücher) sind die Krankenhäuser der Stadt. Ein Kind ist der Fänger. Wen es fängt, der hatte einen Unfall und geht zu Boden. Die Verletzten werden von vier Teilnehmern an allen Vieren aufgenommen und ins Krankenhaus gebracht. Bei dieser Aktion dürfen sie nicht gefangen werden. Sobald der Verletzte im Krankenhaus angekommen ist, darf er wieder mitspielen.

Hüpfkästchen, tänzerisch
Geschicklichkeitsspiel ab 7 Jahren

Dieses Spiel ist vielen Erwachsenen noch aus ihrer Kindheit bekannt. Da wurden Kästchen mit Kreide auf den Asphalt gemalt, und schon konnte es losgehen. Ein Steinchen musste möglichst weit in eines der Kästchen geworfen werden, dann hüpfte man auf einem Bein los. Das Kästchen in dem der Stein zum Liegen gekommen war, wurde elegant übersprungen und der Stein auf einem Bein stehend aufgenommen. Dann ging es den Parcours zurück. Wer dies fehlerfrei bewältigt hatte, durfte sich die Punkte, die das Feld hatte, in dem der Stein gelandet war, dazuzählen. Ein wunderbares Spiel zum Üben der Balance.
Unsere Version: Zwei Kinder arbeiten zusammen. Das Paar malt sich mit Kreide ein eigenes System auf den Boden mit ausreichend großen Rechtecken, Kreisen, Dreiecken oder anderen Formen. Nun überlegen sich die Zwei für jedes Feld eine passende gemeinsame Bewegung. Im Kreis bieten sich also runde Bewegungen an, während im Dreieck vielleicht eine kleine Akrobatik gezeigt wird. Sind alle Gruppen fertig mit dem Ausprobieren, gibt es eine Präsentation. Für jedes Duett wird eine Überraschungsmusik eingespielt, und nach jeder Darbietung gibt es einen anerkennenden Applaus.

Die Waschstraße
Entspannungsübung ab 5 Jahren

Dieses Spiel eignet sich als ruhiger Ausklang einer Stunde. Es kann mit und ohne Materialien (Igelbälle, Tücher, etc.) durchgeführt werden. Die Kinder bilden eine Gasse und setzen sich hin bzw. hocken auf den Unterschenkeln. Ein Kind am Ende der Gasse beginnt und kriecht auf allen Vieren durch die Autowaschstraße. Hierbei können auch die Augen geschlossen werden. Zuvor wurden verschiedene Waschgänge festgelegt. Je nachdem, wie groß die Gruppe ist, übernehmen die Kinder einen oder mehrere Waschgänge. Für Jungen ist es hilfreich, wenn sie sich vorher wünschen dürfen, was für ein Auto sie sein wollen. Mit wertvollen Autos wird natürlich auch sehr vorsichtig umgegangen: Einschäumen (Hände streichen großflächig über den Rücken); Bürsten (sanftes Rubbeln und Reiben); Abspülen (Hände streichen nach unten weg); Trocknen (Pusten); Polieren (leichtes und flinkes Reiben).

Der Stadtbus

Einfaches Bewegungslied ab 3 Jahren

Text: Wolfgang Hering/Musik: trad.

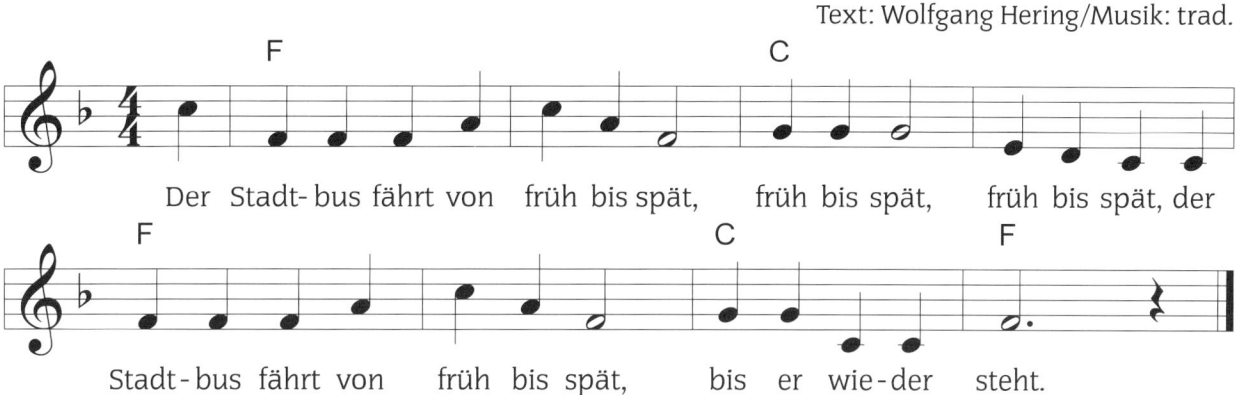

Der Stadt-bus fährt von früh bis spät, früh bis spät, früh bis spät, der
Stadt-bus fährt von früh bis spät, bis er wie-der steht.

1. Der Stadtbus fährt von früh bis spät,
früh bis spät, früh bis spät,
der Stadtbus fährt von früh bis spät,
bis er wieder steht.
Großen Lenker in die Hand nehmen

2. Die Räder vom Bus, die drehn sich schnell,
drehn sich schnell, drehn sich schnell,
die Räder vom Bus, die drehn sich schnell,
das ist wirklich grell.
Hände drehen sich umeinander

3. Die Tür'n gehn auf bei jedem Halt,
jedem Halt, jedem Halt,
die Tür'n gehn auf bei jedem Halt,
und schließen sich alsbald.
*Hände gehen auseinander und berühren sich
wieder*

4. Der Motor, der brummt ganz schön leis,
ganz schön leis, ganz schön leis,
der Motor, der brummt ganz schön leis,
und fährt mit sehr viel Fleiß.
*Hände umklammern sich als Motor und zittern
leicht, dazu brummen*

5. Der Scheibenwischer zischt und wischt,
zischt und wischt, zischt und wischt,
der Scheibenwischer zischt und wischt,
und macht gute Sicht.
Ein Arm bewegt sich entsprechend hin und her

6. Der Blinker, der geht an und aus,
an und aus, an und aus,
der Blinker, der geht an und aus,
doch nicht beim Geradeaus.
Die Hände klappen auf und zu

7. Die Kinder im Bus machen bla bla bla,
bla bla bla, bla bla bla,
die Kinder im Bus machen bla bla bla,
mit Freude offenbar.
Bei „bla bla bla" den Mund weit öffnen

8. Die Eltern im Bus machen psst psst psst,
psst psst psst, psst psst psst,
die Eltern im Bus machen psst psst psst,
seid hier nicht so laut.
Finger vor den Mund halten

9. Am Ende steigen alle aus,
alle aus, alle aus,
am Ende steigen alle aus,
und gehen dann nach Haus.

Ich lade dich zum Spielen ein
Tanzspiel ab 5 Jahren

Material: Seile oder Reifen; Musik

Die Kinder bilden Paare und legen sich mit Seilen oder Reifen ein Haus auf den Boden. Es stehen also immer zwei Kinder in einem Haus. Ein Kind A wohnt allein in seinem Haus und braucht einen Spielpartner. Mit Musikeinsatz läuft es mit fröhlichen Hopsern um die Häuser. Vor einem Haus bleibt es stehen und klingelt. Die Tür wird geöffnet, und eines der Kinder wird zum Spielen abgeholt. Beide laufen in das andere Haus. Nun ist wieder ein Kind allein zu Haus und hopst los, um sich jemanden zum Spielen zu holen usw.

Tanzen in den Straßen
Tanzlied ab 4 Jahren   Text/Musik: Wolfgang Hering   ⊙ Nr. 6

Wir lau-fen durch die Stra-ßen, wir lau-fen durch die Stra-ßen, wir lau-fen durch die Stra-ßen, in un-srer klei-nen Stadt.

Wie im Squaredance steht jede Strophe für eine bestimmte Figur, die zuvor einzeln erlernt wird. Hier unser Vorschlag:

1. Wir laufen durch die Straßen,
Paare gehen mit Handfassung entgegen dem Uhrzeigersinn im Kreis herum
wir laufen durch die Straßen,
wir laufen durch die Straßen,
in unsrer kleinen Stadt.
Die Paare bleiben stehen und wenden sich zueinander

2. Wir drehen uns im Kreis rum,
Die Paare reichen sich Hände, und es geht im Seitgalopp weiter
wir drehen uns im Kreis rum,
wir drehen uns im Kreis rum
Drehung wie 1. Strophe und einmal Klatschen
und winken uns dann zu.
Paare stehen voreinander und winken sich zu

3. Wir fassen beide Hände.
Paare geben sich die Hände über Kreuz und lehnen sich zurück, dann beginnen sie, sich schnell umeinander zu drehen
wir fassen beide Hände,
wir fassen beide Hände
und drehn uns rund herum.

4. Dann schaun wir in die Fenster,
Jedes zweite Paar bleibt stehen und bildet mit seinen Armen ein großes Tor, die übrigen Paare wechseln die Richtung und tauchen durch ein Tor, danach bilden sie fort ein neues Tor für die Kinder, die zuvor Tore waren, usw.
dann schaun wir in die Fenster,
dann schaun wir in die Fenster
und sehn mal kurz hinein.

5. Wir machen einen Bummel,
Die Paare wenden sich wieder zueinander und haken sich ein, nun geht es entgegen dem Uhrzeigersinn weiter
wir machen einen Bummel,
wir machen einen Bummel,
mitten durch die Stadt.
Paare bleiben voreinander stehen

6. Wir kaufen ein paar Schuhe,
Auf den zweiten Schlag wird zunächst der rechte Fuß seitlich auf die Ferse aufgesetzt, auf den vierten Schlag der linke Fuß
wir kaufen ein paar Schuhe,
wir kaufen ein paar Schuhe,
probieren alle an.

7. Wir trinken eine Limo,
Der äußere Partner wendet sich in Kreisrichtung und beugt den Rumpf, so dass eine Art Tisch für den anderen entsteht, der nimmt sich pantomimisch eine Limo vom Tisch
wir trinken eine Limo,
wir trinken eine Limo
und essen noch ein Eis.
Die Paarkonstellation wird aufgelöst, und alle bilden einen großen Kreis mit Handfassung

8. Wir tanzen auf den Plätzen,
Vier Schritte zum Mittelpunkt gehen
wir tanzen auf den Plätzen,
Vier Schritte rückwärts hinausgehen
wir tanzen auf den Plätzen
Hineingehen
und bilden einen Kreis.
Hinausgehen

9. Wir laufen durch die Straßen,
Paare gehen wie bei der 1. Strophe im Kreis
wir laufen durch die Straßen,
wir laufen durch die Straßen,
in unsrer kleinen Stadt.
Das Tanzspiel geht mit neuem Partner weiter

7. Die Knochenmännchen

Die Vorstellung, die ich von meinem Körper habe, und die Erfahrungen, die ich bisher mit ihm sammeln konnte, haben direkte Auswirkungen auf meine Beweglichkeit. Körpererfahrung und Körperwissen führen zu einem differenzierteren Bewegungsspektrum, zu mehr Ausdrucksmöglichkeiten und einem besseren Technikverständnis. Fred, der Knochenmann, der so lustig und frei tanzen kann, lockert die Kinder auf und vermittelt ihnen eine Vorstellung vom Loslassen!

Das menschliche Skelett
Gespräch ab 4 Jahren

Kinder möchten Wissen über und Erfahrungen mit ihrem eigenen Körper erlangen. Jüngere sind verblüfft, wenn sie erfahren, dass sie selbst ein Skelett besitzen. Sie wissen zwar, dass sie Knochen haben und dass diese brechen können, aber ein Skelett, dass ist doch ein Toter, oder?
Bringen Sie ein Modell des menschlichen Skelettes mit, oder lassen Sie die Kinder eines basteln (Bastelvorlage auf S. 53).
Wo können wir überall Knochen ertasten, und wo finden wir diese am Modell? Knochen, die wir dort entdecken, können an unserem eigenen Körper gesucht werden. Manche machen sogar Geräusche, wenn wir darauf klopfen.
Wie würden wir uns bewegen, wenn wir keine Knochen hätten? Dies auszuprobieren, macht Spaß und bringt weitere Informationen für die Kinder.

Warum ist unsere Wirbelsäule nicht starr? Hier führt das Beispiel einer Perlenkette die Kinder in die entscheidende Richtung.
Spiele unterstützen das Wissen über den Körper. Sie könnten mit folgendem Einstieg beginnen:
„Ist das nicht komisch?"
„Was ist komisch?"
„Na ja, dass jeder von uns auch ein Gerippe ist."
„Ein Gerippe?"
„Ja klar ..."
„Klopf doch mal auf deinen Kopf."
„Hörst du das? Das ist sein Schädel."
„Und schnapp doch mal in die Luft! Dann klappert es mit den Zähnen."

Die Marionette
Bewegungsspiel ab 7 Jahren

Die Kinder bewegen sich als Marionetten zur Musik. Die Marionette sitzt zu Beginn zusammengesunken auf einem Stuhl oder auf dem Boden. Nun wird an verschiedenen Fäden gezogen, zunächst an einem Ellenbogen, dann an dem anderen. Schließlich wird am Kopf gezogen und die Marionette erhebt sich. Sie sackt in sich zusammen, wenn nicht am Faden gezogen wird. Sie beugt sich nach vorne. Sie hebt ihre Arme und Knie. Sie geht einige Schritte. Sie bewegt ihre Ellenbogen, den Kopf und schließlich kommen immer mehr Körperteile hinzu, und sie beginnt zu tanzen. Als Partnerübung: Ein Kind ist die Marionette und sitzt am Boden. Das andere sagt, welches Körperteil geführt wird, und zieht wie an einem imaginären Faden.

Das Knochenmännchen
Spielgedicht ab 5 Jahren

Wolfgang Hering

Knochenmännchen gehen manchmal
in der Nacht gern durch die Welt.
Wenig ist, was die Gestalten
körperlich zusammenhält.

Ohne Haut und keine Haare,
nur Skelett und nur Gebein
stromern sie, fast kaum zu sehen
dort herum im Mondenschein.

Knochen sind ja fest und gerade,
biegen sich nicht einfach krumm.
Nur an ganz bestimmten Punkten
drehn sie sich und schlackern rum.

Die Gelenke können knacken:
Ellenbogen, Schultern, Knie.
Nichts ist rund oder geschwungen,
alles eckig irgendwie.

Ihre Arme können baumeln,
vorwärts, seitlich und zurück.
Köpfe drehen sich bedächtig
auf dem Hals und dem Genick.

Und sie strecken ihre Nasen
gern in manche Fenster rein.
Huch, das gibt dort dünne Schatten,
die sich aneinanderreihn.

Knochenmännchen sind sehr freundlich,
ganz besonders hilfsbereit.
Greifen sich mal an den Händen
und spaziern danach zu zweit.

Drehn ganz wacklig ein paar Runden,
grüßen sich auch ab und zu,
legen ihren Kopf zur Seite,
und dann nicken sie sich zu.

Oft, da kriechen sie am Boden,
das tun sie mit viel Gespür
Sie bewegen sich dann vorwärts
wie ein wildes Knochentier.

Laufen so auf allen Vieren,
klappern laut beim Krabbellauf
und nach einer kleinen Weile
richten sie sich wieder auf.

Gehen auch auf Zehenspitzen,
machen sich so richtig groß.
Kommt dann jemand mal vorüber,
stehn sie da, bewegungslos.

Schließlich kommt das Morgengrauen
mit dem hellen Tageslicht
und vertreibt die Knochenmännchen,
denn das mögen die ja nicht.

Spielanregung

Material: Holzblocktrommel oder Schlaghölzer, Punktstrahler

Sie benutzen für eine rhythmische Begleitung eine Holzblocktrommel oder Schlaghölzer. Das Tempo passen Sie den Bewegungen der Knochenmännchen an. Während die Spielleitung das Gedicht vorliest, bewegt sich die Gruppe entsprechend im Raum. Schön ist es, wenn durch die Beleuchtung des Raumes tatsächlich Schatten an den Wänden entstehen und die gespenstische Atmosphäre unterstützen.

Vier verschiedene Felder
Bewegungsspiel ab 5 Jahren

Material: Kreppband, Kreide oder Seile, Kleidungsstücke, Musik

Die Kinder markieren auf dem Boden vier verschiedene Felder mit Kreppband, Kreide oder Seilen. Danach wird gemeinsam festgelegt, was in welchem Feld passieren soll.
Die Vorschläge der Kinder sind sehr spannend und zeigen, in welchem gedanklichen Kontext sie Bewegung sehen und begrifflich differenzieren können. Es sollte unbedingt ein Durchgang mit den Ideen der Kinder gemacht werden. Die Gruppe verteilt sich in den Feldern, und mit der Musik durchwandert jedes Kind einmal alle Felder und probiert die verschiedenen Anregungen aus. Der Impuls zum Wechsel in ein anderes Feld sollte zunächst von der Spielleitung kommen. Später finden die Teilnehmer selbst ihren Weg durch die Aufgabenlandschaft.

Variante: Für einen weiteren Durchgang geben Sie einen Oberbegriff vor und lassen die Kinder die entsprechenden Felder konkretisieren.
- Körperteile: In jedes Feld wird ein Kleidungsstück gelegt, z.B. Schuhe, Mütze, Handschuhe, Hose, Pullover. Das Kleidungsstück symbolisiert den Körperteil, auf dem beim Tanzen das Hauptaugenmerk liegen soll.
- Lebensräume: Den Feldern werden verschiedene Lebensräume zugeteilt, Land, Wasser, Luft, Erdreich. Welche Bewegungen passen dazu?
- Gegensätze: Mit welchen Bewegungen können wir möglichst große Gegensätze von Feld zu Feld zeigen? Gegensatzpaare wie groß/klein, hoch/tief, schnell/langsam, grob/sanft, gezielte/vage Armbewegungen werden zugeordnet.

Bastelanleitung für den Knochenmann

Kopieren und vergrößern Sie die Vorlage auf stärkeres Papier. Ausschneiden und mit Heftklammern verbinden. Fertig ist Fred, der Knochenmann.

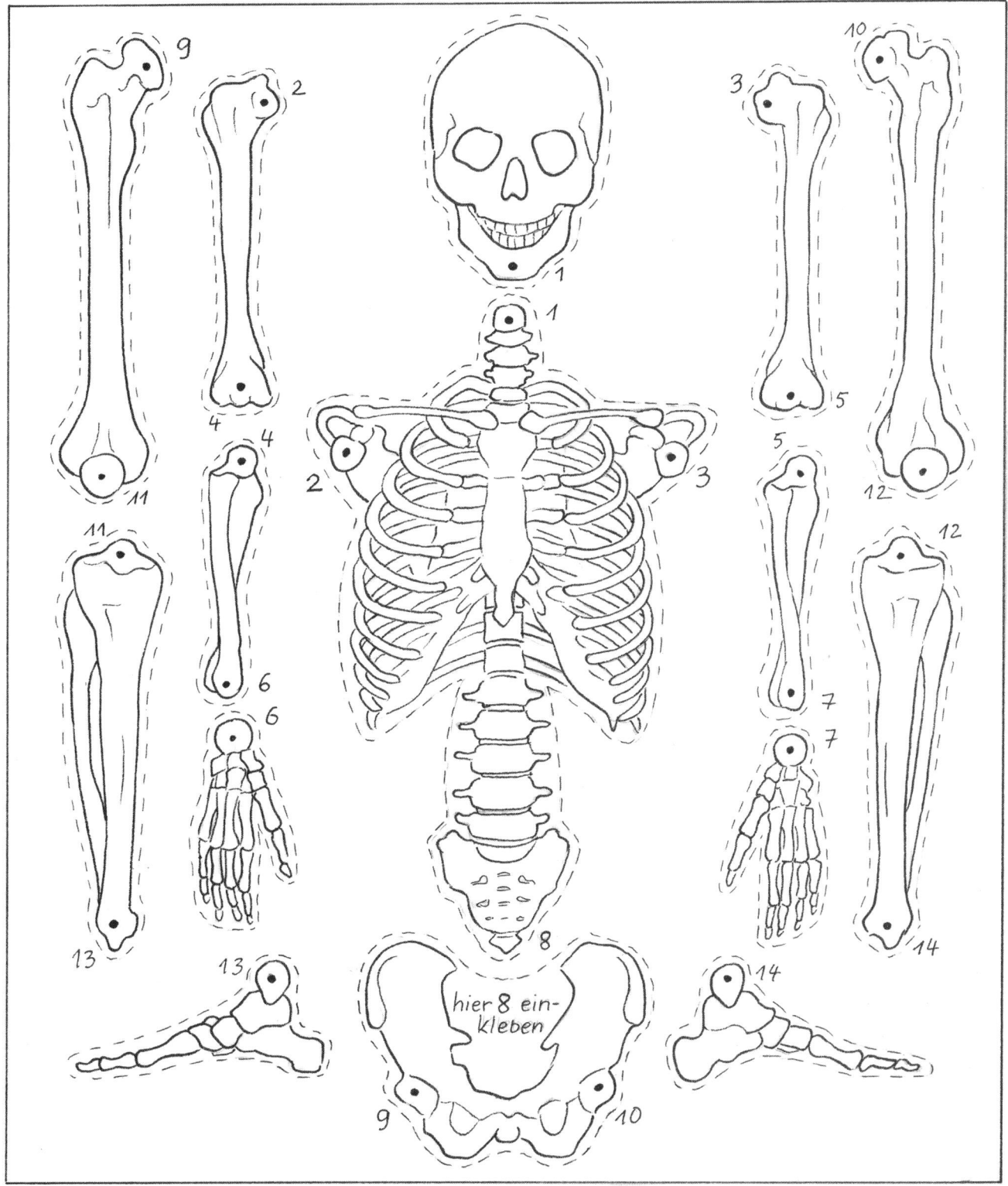

Fred, der Knochenmann

Tanzlied ab 5 Jahren

Text/Musik: Wolfgang Hering/Helga Zachmann Nr. 7

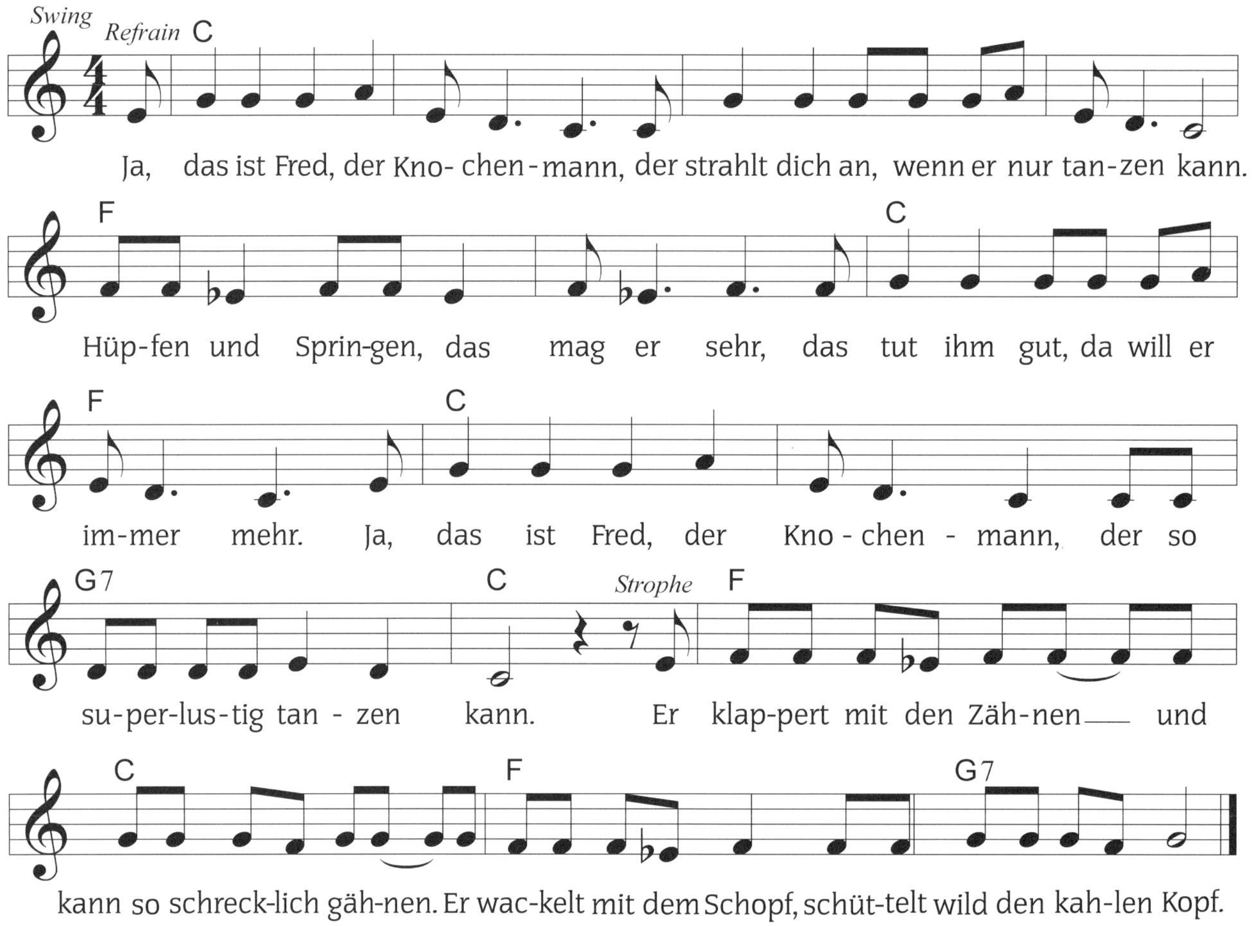
Swing
Refrain
C
Ja, das ist Fred, der Kno- chen - mann, der strahlt dich an, wenn er nur tan-zen kann.
F C
Hüp-fen und Sprin-gen, das mag er sehr, das tut ihm gut, da will er
F C
im-mer mehr. Ja, das ist Fred, der Kno - chen - mann, der so
G7 C Strophe F
su-per-lus-tig tan - zen kann. Er klap-pert mit den Zäh-nen und
C F G7
kann so schreck-lich gäh-nen. Er wac-kelt mit dem Schopf, schüt-telt wild den kah-len Kopf.

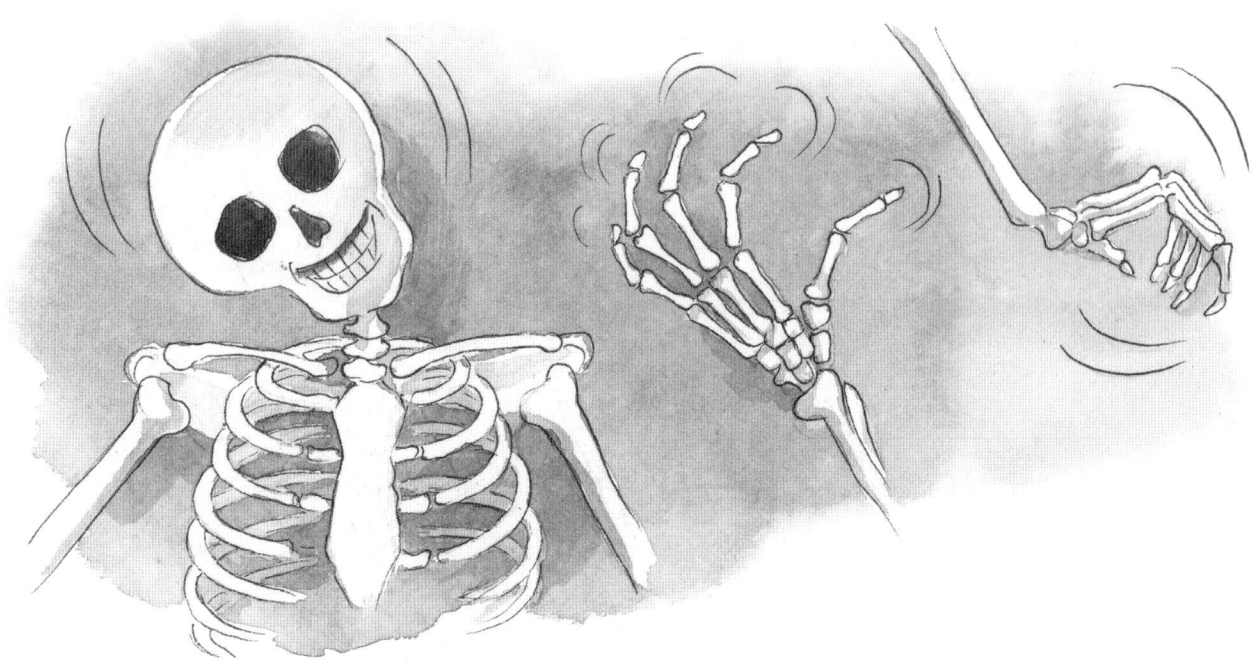

Refrain:
Ja, das ist Fred, der Knochenmann,
der strahlt dich an, wenn er nur tanzen kann.
Hüpfen und Springen, das mag er sehr,
das tut ihm gut, da will er immer mehr.
Ja, das ist Fred, der Knochenmann,
der so superlustig tanzen kann.

1. Er klappert mit den Zähnen
und kann so schrecklich gähnen
Er wackelt mit dem Schopf
schüttelt wild den kahlen Kopf.

2. Er bewegt die Finger,
die dünnen Krabbeldinger.
Er dreht mit sehr viel Fleiß
die Arme gern im Kreis.

3. Er benutzt die Zehen,
auf Fersen kann er gehen.
Er tippt mit seinem Fuß
und winkt dabei zum Gruß.

4. Er hebt gern seine Beine,
er schlackert sie alleine
und greift nach andren Händen,
der Tanz will gar nicht enden.

Spielanregung

Der Song wechselt mehrmals von freiem Ausagie-ren zu gezielten Aufgabenstellungen. Der Refrain wird von den Kindern genutzt, um sich frei im Raum zu bewegen. Sie können versuchen, mal „alles" zu bewegen, was sie haben: Arme, Schul-tern, Beine und Gesichtsmuskulatur gleichzeitig oder auch zum Kinderhopser vorwärts überge-hen. Zu den Strophen wird dann dem Text ent-sprechend ein bestimmtes Körperteil aktiv.

8. Die Kleine Hexe Lina

Die kleine, sympathische Hexe Lina wohnt allein, geht in die Hexenschule und braucht Nachhilfe im Zaubern. Immer wieder geht ihr beim Hexen etwas schief, und das lässt Raum für viele fantastische Ideen. Die Kinder können sich gegenseitig verzaubern, einen störrischen Besen zureiten und danach dem kranken Hexenbesen einen Zaubertrank einflößen. Vielleicht binden Sie ein dickes Buch mit Goldfolie ein und lassen die Kinder selbst Zauberformeln und Rezepte schreiben. Auch eine Hexenküche mit verschiedenfarbigen Flüssigkeiten in bauchigen Glasflaschen wäre eine tolle Kulisse, die bestimmt viel experimentelle Energie freisetzt.

Als Einstimmung wird eine passende Geschichte vorgelesen. Können sich die Kinder mit der Heldin identifizieren und direkt in ihre Welt einsteigen, sind sie meist sofort motiviert und neugierig auf weitere Spiele.

Die kleine Hexe Lina
Bewegungsgeschichte ab 4 Jahren

Helga Zachmann

Hoch oben, in einem alten knorrigen Baum, lebt sie, die kleine Hexe Lina. Sie sitzt nicht etwa auf einem dicken Ast, nein, sie hat ein richtiges, gemütliches Baumhaus. Hier gibt es keine gerade Wand und keine viereckigen Fenster. Alles ist genau auf ihre Größe ausgerichtet, und würdet Ihr sie besuchen, müsstet Ihr euch tief bücken, um über die Terrasse durch die kleine Tür in ihr Häuschen zu kommen.

Hier lebt sie zusammen mit ihrem Kater Frederik und ihrer Eule Cosima. Auf dem Dachboden hängen tagsüber viele Fledermäuse. Natürlich hat sie ein dickes Zauberbuch, einen Zauberstab und einen großen Hexenkessel.

Doch damit sie mit ihrem Zauberbuch und dem sprechenden Hexenbesen keinen Unfug anstellt, muss sie, wie alle Junghexen, in die Hexenschule gehen. Hier wird streng darauf geachtet, dass jede Hexenschülerin pünktlich abends um 18 Uhr in der Hexenschule ist. Auf dem Stundenplan stehen Hexentanz, Besenflug und natürlich „Zaubertrank brauen".

Doch die kleine Hexe Lina ist schon sehr oft zu spät in die Schule geflogen, oder sie geht erst gar nicht hin, wenn sie keine Lust hat zum Lernen. Deshalb geht ihr auch ab und zu mal etwas schief, wenn sie etwas zaubern möchte.

Erst kürzlich ist ihr ein großes Missgeschick passiert: Sie wollte eigentlich einen Blumenstrauß für ihren Küchentisch zaubern und sprach den Hexenspruch, den sie in ihrem Buch nachgeschaut hatte:

„Hokus, Pokus, Tintenfisch, Blumen stehen auf dem Tisch, hex, hex!"

Keine Blumen standen auf dem Tisch, aber ihre Eule Cosima hatte plötzlich Blumenkohl in den Ohren und schaute sie ziemlich vorwurfsvoll an.

Von Feuer- und Gewitterhexen

Tanzidee ab 5 Jahren

Jedes Jahr zur Walpurgisnacht treffen sich alle Hexen zum gemeinsamen Hexentanz. Sie fliegen auf den Blocksberg und tanzen dort die ganze Nacht. Auf dem Berg ist das Tanzen schon in vollem Gange. Immer wieder kommen neue Hexen an, die von der Oberhexe laut angekündigt werden. Alle Hexen haben ihre eigene Art zu tanzen, und die übrigen Hexen machen gleich mit.

Zu dem folgenden Spruch wird eine kleine Bewegungssequenz eingeführt. Sie dient dazu, die verschiedenen Bewegungsarten voneinander zu trennen. Ist eine Art also ausreichend dargestellt, kommt wieder der Spruch und ruft die Kinder zusammen.

Folgende Sequenz wird gemeinsam gesprochen und kraftvoll im Kreis ausgeführt:

Alle klein wie Stein,
krummer Rücken, das muss sein,
stampfen feste auf (Boing),
wir sind heut gut drauf. Hey!

Danach wird die nächste Bewegungsart von der Oberhexe angekündigt (Hier können die Ideen der Kinder einfließen).

Gewitterhexen	*bewegen sich sehr eckig und blitzschnell*
Kräuterhexen	*sammeln Kräuter vom Boden ein*
Dunkelhexen	*tasten sich blind voran*
Kicherhexen	*kichern laut und garstig*
Feuerhexen	*bewegen sich wie züngelnde Flammen*
Murmelhexen	*murmeln unverständliche Zaubersprüche vor sich hin*
Flughexen	*sind schnell auf ihrem Besen unterwegs*

Wir verzaubern uns in Tiere

Bewegungsspiel ab 3 Jahren

Material: Zauberstab, evtl. Zauberhut und Zauberumhang; Musik

Mit wenigen Requisiten lässt sich ein Kind in einen Zauberlehrling verwandeln.

Die Gruppe bewegt sich zur Musik von CD 2 im Raum. Beim nächsten Musikstopp bleiben alle stehen und werden von der Junghexe in ein Tier verwandelt. Ob in einen Wurm oder ein gefährliches Raubtier, bleibt ihr überlassen. Ruft sie laut: "Hex, hex!" geht die Musik weiter, und alle sind bis zum nächsten Musikstopp verzaubert. Der Zauberspruch wird an das gewünschte Tier angepasst, bspw.:

Wenn wir zaubern,
wenn wir zaubern,
hokus, pokus, bumm,
fliegen hier im Kreis
Fledermäuse rum.

Kriechen hier im Kreis
lauter Schlangen rum.

Springen hier im Kreis
viele Hasen rum.

Hokus, pokus, bumm,
der Zauber, der ist um!

Meine Hexentante Lina
Rhythmikgedicht ab 3 Jahren

Helga Zachmann

Meine **Hex**en**tan**te Lina
Hände reiben
tanzt wie **ei**ne **Ba**llerina.
Springt gern **hoch**
*Zweimal auf die Schenkel patschen, beim dritten
Schlag beide Hände in die Höhe strecken, dann
wiederholen*
in die **Höh**,
dreht sich **dann** auf einem **Zeh**.
Patschen und auf den letzten Schlag klatschen

Meine **Hex**en**tan**te Lina,
fliegt so**gar** manch**mal** bis **Chi**na.
Arme ausstrecken
Saust nach **hier**,
saust nach **dort**
Jeweils zur Seite fliegen
mit dem **Be**sen **im**mer**fort**.

Meine **Hex**en**tan**te Lina
findet **Zau**bern **wirk**lich **pri**ma,
zaubert **meck**,
zaubert **zeck**,
zaubert **uns** jetzt **alle** **weg**.
Alle kauern am Boden

Das Besenreiten
Bewegungsgeschichte ab 4 Jahren

Material: Besen (gekauft oder selbstgebunden)
oder Besenstiele; Musik

Aus einer Ecke des Raumes starten die Kinder ihren Besenflug. Mit lautem Geschrei geht es los und gleich wild durcheinander. Kleine Besen gibt es in der Faschingszeit überall billig zu erstehen. Schöner sind natürlich selbstgebundene Besen. Es tut auch ein Holzstab, wie er in jeder Turnhalle zu finden ist.
Beim Einsetzen der Musik von CD 2 hört das Geschrei auf, und die Kinder versuchen, ihren störrischen Besen zu zähmen. Der fliegt wild kreuz und quer und möchte gar nicht auf seine Besitzerin hören. Machen Sie dann eine Musikpause. Alle Kinder bleiben stehen, und Sie haben Gelegenheit für die folgenden Vorschläge, die dann mit Musik ausgeführt werden:

● Der Besen fliegt sehr hoch.
  Besen hoch über dem Kopf führen
● Der Besen fliegt sehr tief.
  Besen kurz über dem Boden führen

Zwischenspiel: Mit dem Besenstiel dreimal auf den Boden klopfen und drumherum gehen, dann wiederholen

● Der Besen benimmt sich wie ein Besen.
  Alle kehren mit ihrem Besen
● Den Besen an beiden Enden nehmen und über den Kopf führen. Dann zur einen Seite und zur andern neigen.

Zwischenspiel: Dreimal klopfen und im Kreis um den Besen gehen, dann wiederholen

● Besen auf den Boden legen und mehrmals über den Besen springen.
● Mit einem Partner fechten.

Zwischenspiel: Dreimal klopfen und im Kreis um den Besen gehen, dann wiederholen

Zum Schluss: Alle Hexenbesen gehören an die Garderobe. Die Besen kommen in ein bereitgestelltes Gefäß.

Die kleine Hexe Lina

Tanzlied ab 3 Jahren

Text/Musik: Wolfgang Hering/Helga Zachmann ⊙ Nr. 8

Da fliegt die He-xe Li-na, ein wah-rer Wirbel-wind. Am Himmel dreht sie Runden, die

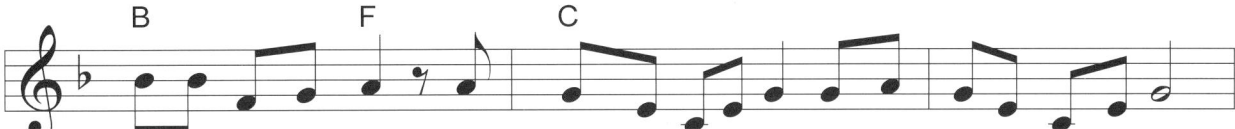

ganz erstaunlich sind.   Dann   kommt sie an-ge-flo-gen und   lan-det mit Tra-ra.

Ho-kus, po-kus, fi-di-bus, sie zau-bert wun-der-bar.   Erst die Frö-sche in den Kessel,

hüp-fen wild um-her.   Dort sieht man die Spinnen hastig   krabbeln kreuz und quer.

Da-zu kom-men wei-ße Mäu-se,   ach, sie piep-sen laut.

wer-den gleich von schwar-zen Kat-zen   gie-rig an-ge-schaut.

A-Teil
Da fliegt die Hexe Lina,
ein wahrer Wirbelwind.
Am Himmel dreht sie Runden,
die ganz erstaunlich sind.
Dann kommt sie angeflogen
und landet mit Trara.
||: Hokus, pokus, fidibus,
sie zaubert wunderbar. :||

A-Teil
Doch Kugelblitz, ihr Besen,
Alle deuten mit besorgten Gesichtern auf ihre Be-
sen. Sie werden geschüttelt und gestreichelt, aber
nichts scheint zu helfen
ja, er ist heute krank,
jetzt hilft nur noch dem Armen
ein guter Zaubertrank.
Besen in der Mitte zu einem „Zauberkessel" auf
den Boden legen.
Das Mittel, das braucht Spucke,
mit Ketschup und viel Saft.
‖: Kinder, helft beim Rühren,
ihr braucht dazu viel Kraft. :‖

B-Teil
Erst die Frösche in den Kessel,
Frösche hüpfen in Richtung Kessel
hüpfen wild umher.
Dort sieht man die Spinnen krabbeln
hastig kreuz und quer.
Dazu kommen weiße Mäuse,
Beide Hände als spitzes Schnäuzchen vor das Ge-
sicht halten
ach, sie piepsen laut,
werden gleich von schwarzen Katzen
Auf alle Viere und fauchen
gierig angeschaut.

Dann rührt die Hexe Lina
Alle rühren kräftig
die Soße kräftig um.
Großer Löffel, kleine Hexe,
und anders dann herum.
Alles in dem großen Kessel
dreht sich nun im Kreis.
Auch die Hexe weiß, es gibt,
ohne Fleiß kein'n Preis.

B-Teil
Dann kommen die Krokodile,
jedes Maul geht auf.
Fledermäuse können fliegen,
Arme wild bewegen
runter erst, dann rauf.
Alte Socken, bäh, sie stinken,
in den Topf hinein.
Dazu noch ein altes Fahrrad,
es darf auch rostig sein.

A-Teil
Nun wird mit großem Feuer
die Suppe heiß gemacht.
der Besen wird ganz munter,
das ist die wahre Pracht.
Hört nur, wie beim Brodeln
die kleine Hexe singt.
‖: Dann den Deckel drauf.
Ob der Zauber auch gelingt? :‖
Gesprochen:
Hokus, pokus, fidibus!

A-Teil
Am Boden liegt am Ende
doch glatt ein großes Ei.
Und es bricht die Schale
mit lautem Knall entzwei.
Jedes Kind bricht aus seiner Eierschale, streckt sich
und kriecht als Monster langsam in Richtung Lina;
die geht abwehrend rückwärts und führt die ganze
Monsterschar hinter sich her
Ein ganz verrücktes Monster
kommt da zum Augenschein.
‖: Die Hexe hat gezaubert,
was kann das wohl sein? :‖
Die Monster rufen mit schrecklichem Gebrüll ihre
Namen (lassen Sie die Kinder fantasieren)

Spielanregung

Material: Zauberbuch, Zauberstab,
großes Tuch

Erzählen Sie den Kindern, dass der Hexenbesen Kugelblitz heute schreckliche Bauch-
schmerzen hat und nicht mehr vom Boden
hochkommt. Da möchte die kleine Hexe Lina ihm natürlich rasch helfen und sucht in
ihrem dicken Zauberbuch nach dem richtigen Rezept für einen kranken Hexenbesen.
Sie sitzt vor ihrem dicken Zauberbuch.
Wenn sie nur wüsste, was genau da steht,
ach was soll's, sie probiert es einfach aus.
Sie kramt ihren großen Zauberkessel her-
vor und hängt ihn über das Feuer. Die Kinder verwandeln sich in alle Zutaten, die benötigt werden.

Falls die Gruppe mehr als 16 Kinder um-
fasst empfehlen wir, Rollen zu
verteilen, damit nicht immer
alle Kinder gleichzeitig agieren.

Zauberstab

Goldpapier

Zauberbuch

9. Unser Körper macht Musik

Musik beginnt immer mit Bewegung. Wer Töne und Rhythmen produzieren möchte, der setzt zunächst seinen eigenen Körper in Bewegung und schlägt, zupft, streicht oder bläst damit in oder auf ein Instrument. Unseren Körper als Geräusche erzeugendes Instrument haben wir immer dabei. Der Herzschlag gibt uns einen ständigen Rhythmus, unser Atem ein erstes Zeitgefühl. Wenn der Nachbar sanft auf meinen Rücken trommelt, spielt sich auch noch Wahrnehmung und Kommunikation ab. In der Gruppe erzeugen alle im Takt die Klangkulisse. Sie kann mit den simpelsten Geräuschen beginnen. Durch das Kombinieren verschiedenster Klänge entsteht schnell eine gewisse Komplexität, die einfach Spaß macht.

Wir kommen zur Ruhe
Rhythmusspiel ab 5 Jahren

Die Kinder stehen im Kreis und fassen sich an den Händen. Die Spielleitung beginnt damit, das eigene Gewicht mal auf den einen mal auf den anderen Fuß zu verlagern. Dies geschieht so lange, bis alle in den Rhythmus gefunden haben, und einige Zeit darüber hinaus.
Wir beenden diese erste Aufgabe damit, dass alle ihr Gewicht auf beide Beine verlagern und so in einen stabilen und ruhigen Stand finden, die Handfassung behalten wir bei. Anschließend beginnt die Spielleitung, mit den Armen zu schwingen. Beidarmig geht es vor und zurück, wobei die Bewegung eher kleinräumig und entspannt ausgeführt wird. Fordern Sie die Kinder auf, nur so viel zu tun, wie notwendig ist. Danach stellen sich alle auf das rechte Bein. Die Kinder halten sich immer noch an den Händen. Sie atmen dabei ruhig und langsam ein und aus. Dasselbe mit dem linken Fuß ausführen.

Der Atemkreis
Wahrnehmungsspiel
ab 4 Jahren

Das Spiel beginnt mit der Aufstellung im Kreis. Bei älteren Kindern oder Erwachsenen kann die Spielleitung völlig wortlos beginnen, indem sie sich schweigend – aber mit großer Aufmerksamkeit für die Gruppe – auf die Position begibt, die eine optimale Kreisbildung im Raum zulässt und mit einem Atemimpuls beginnt. Sie werden sehen, nach kurzem Warten bemerkt die Gruppe, dass etwas begonnen hat und stellt sich mit in den Kreis. Es ist reizvoll, nun das ganze Spiel wortlos anzuleiten. Um mitzubekommen, was geschieht, sind die Mitspieler sehr aufmerksam, meist auch amüsiert. Die Spielregel: Beim Ausatmen gehen alle Teilnehmer ein Stück in Richtung Mittelpunkt, beim Einatmen bewegt sich die Gruppe wieder zurück, was schnell allen klar wird. Je kräftiger geatmet wird, um so schneller erfolgt die Bewegung, d.h. atmen wir ruhig und langsam aus, gehen wir auch entsprechend langsam hinein und heraus. Lenken Sie die Wahrnehmung der Teilnehmer auf die gemeinsame Kreisform, die zu jeder Zeit möglichst rund sein sollte. Variieren Sie die Länge der Pausen. Überlassen Sie irgendwann die Führung der Gruppe. Ein weiterer Effekt dieses Spieles ist, dass durch die Atemübung alle ruhiger und konzentrierter werden. Deshalb lässt sich das Spiel sehr gut vor Aufführungen einsetzen.
Bei kleineren Kindern geben Sie Anleitungen vor.

Zum Geburtstag

Rhythmischer Vers ab 3 Jahren

Wolfgang Hering

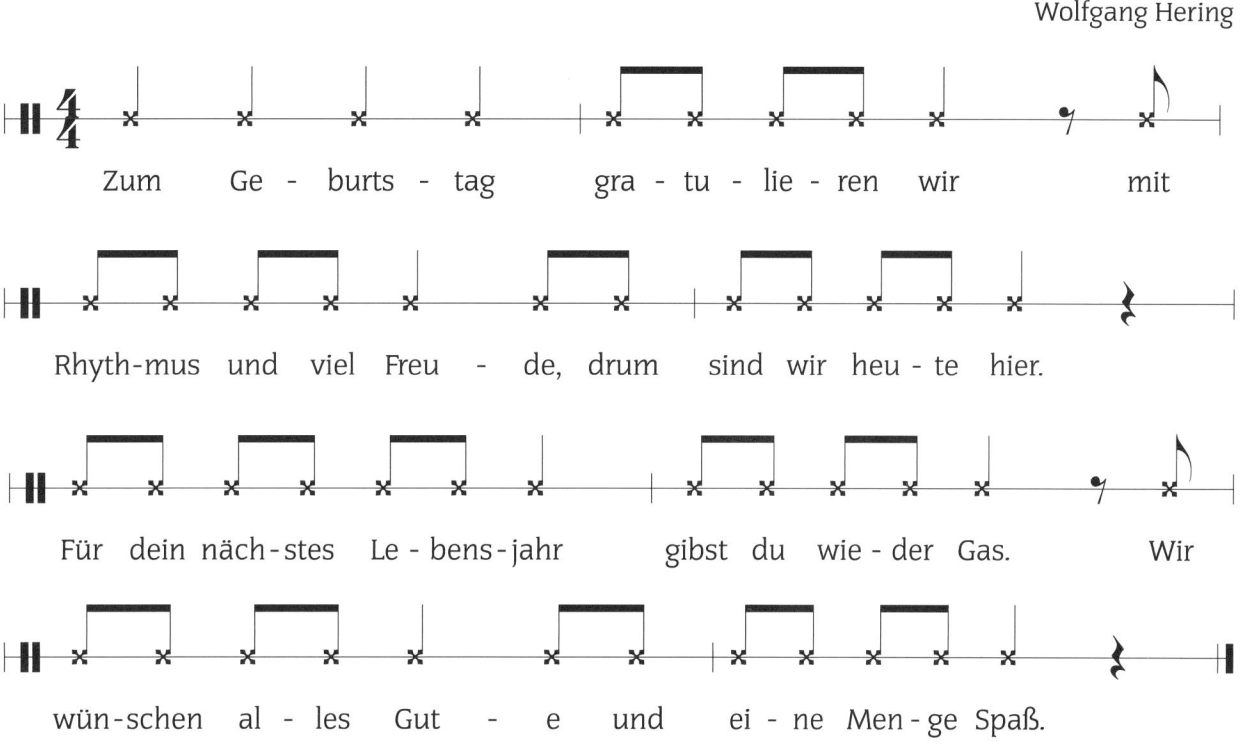

Zum Ge-burts-tag gra-tu-lie-ren wir mit

Rhyth-mus und viel Freu - de, drum sind wir heu-te hier.

Für dein näch-stes Le-bens-jahr gibst du wie-der Gas. Wir

wün-schen al-les Gut - e und ei-ne Men-ge Spaß.

Zum Geburtstag gratulieren wir
Klatschen und schnipsen
mit Rhythmus und viel Freude,
wir sind heute gerne hier.
Für dein nächstes Lebensjahr
gibst du wieder Gas.
Wir wünschen viel Gesundheit
Hände nach vorne ausstrecken
und eine Menge Spaß.

Spielanregung

Zum Sprechtext wird eine Klanggestenbewegung durchgehalten, z.B. klatsch, klatsch, klatsch, schnips als Viertelschläge: ♩ ♩ ♩ ♩. Mit dem Finger wird am Ende auf das Geburtstagskind gedeutet.

Vornamenrap

Klatschspiel ab 4 Jahren

Bei diesem Spiel üben Kinder, ein Tempo zu halten. Auf einen 4/4-Takt werden verschiedene rhythmische Elemente gelegt und von der Gruppe übernommen.

Die Kinder sitzen im Kreis und patschen ein mittleres Tempo mit den Händen abwechselnd auf ihre Schenkel. Nun beginnt die Anleitung, den Vornamen eines Kindes im Rhythmus der Gruppe zu sprechen: „Ka-ta-ri-na, Ka-ta-ri-na" Dann wird der erste mit dem nächsten Vornamen verbunden, „Ka-ta-ri-na und Ben", so entsteht ein neues rhythmisches Element, das in den Grundbeat eingefügt wird. Als Grundbeat dient am besten ein 4/4-Takt, da er am bekanntesten ist. Nach Ben würde somit eine Pause kommen. Fahren Sie erst fort, wenn die gesamte Gruppe die neue Betonung übernommen hat. Beachten Sie auch die Namen mit unbetonter erster Silbe, z. B. Andreas, Sabrina.

Nun wird Ben mit dem nächsten Kind in der Reihe verbunden, etwa „Ben und Annalena". Wieder entsteht ein ganz anderes rhythmisches Bild. Auf diese Weise geht es einmal im Kreis herum.

Klanggestenkanon

Rhythmikspiel ab 7 Jahren

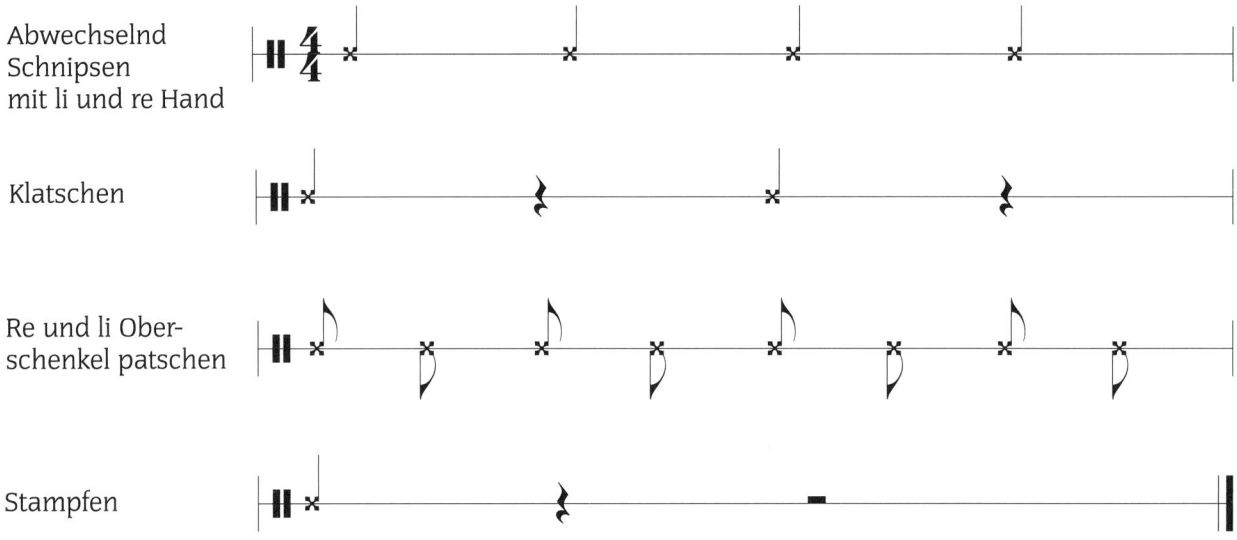

Abwechselnd Schnipsen mit li und re Hand

Klatschen

Re und li Oberschenkel patschen

Stampfen

Spielanregung

Bilden Sie vier Gruppen. Jede übernimmt eine Klanggeste mit einem Rhythmus. Viertel werden geschnipst, auf Eins und Drei wird geklatscht, gepatscht werden Achtel und schließlich kommt im vierten Takt ein Stampfer auf die Eins.

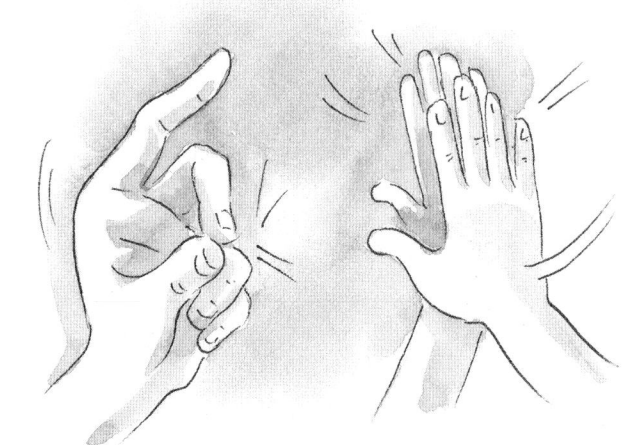

Körperklänge entdecken
Rhythmikspiel ab 9 Jahren

Die Gruppe zieht Kärtchen, auf die Körperteile geschrieben sind, z. B.: Stirn, Zunge, Mund, Wangen, Hände, Ellenbogen, Bein, Fuß, Finger. Aufgabe ist es nun, einen Körperklang zu entwickeln unter Einbeziehung des gezogenen Körperteiles. Mit den Fingern könnte geschnipst oder auch auf eine Tischplatte getrommelt, mit den Händen geklatscht, aber auch in die Handfläche geboxt werden usw.
Nun werden Vierergruppen gebildet. Sie sollen ihre Klänge zu einem Rhythmus zusammenbauen und dann der Gruppe vorstellen.

Wörtersampler
Rhythmikspiel ab 9 Jahren

Es werden Vierergruppen gebildet. Wer dran ist, denkt sich ein Wort für die nächste Gruppe aus. Besonders geeignet, sind lange, zusammengesetzte Hauptwörter, etwa Hafenrundfahrt oder Telefonhörer. Aufgabe der Vier ist es nun, das Wort in verschiedene Silben zu zerlegen und musikalisch zu einem Grundbeat zu präsentieren. Dies sollte möglichst spontan und ohne Vorübung geschehen. Einer beginnt und gibt das Grundtempo vor, die anderen fügen sich mit ihren Silben auf ihre Weise ein. Beispielsweise bei Hafenrundfahrt könnte der Erste mit Ha-ha-ha (Pause) beginnen, und mit folgendem Rhythmus fortgefahren werden: Ha-ha-ha-fen-rund-fahrt.

Varianten: Sie können auch alle Gruppen gleichzeitig ihre Wortrhythmen sprechen lassen und dann die Aufgabe stellen: „Trennt euch, geht durch den Raum, trefft andere und lasst euch inspirieren oder bleibt bei eurem Tempo. Dann kehrt ihr mit eurem Beat wieder zu eurer Gruppe zurück. Was ist passiert?"
Oder das Wort bleibt geheim, und jeweils eine Gruppe muss raten, welches Wort vorgestellt wird. Oder die Silben werden auf vier Taktschläge verteilt. Es gibt mehrere Möglichkeiten die Wörter zu phrasieren.

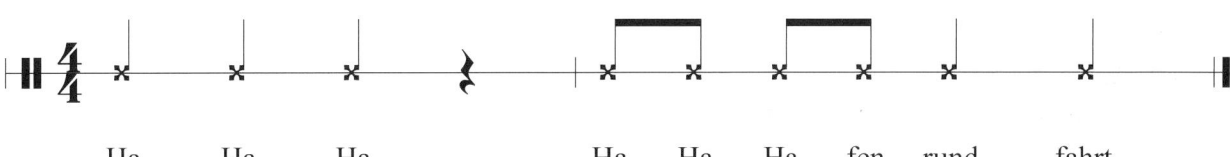

Frau Zunge

Bewegungsgedicht ab 3 Jahren

trad./Wolfgang Hering

Frau Zunge wohnt in ihrem Haus
und schaut auch mal zum Fenster raus.
Zunge rausstrecken
Sie schaut hinauf und auch hinunter
und winkt der Nachbarin ganz munter!
Zunge draußen hin- und herbewegen

Dann beginnt sie mit der Arbeit.
Sie putzt die Fenster
Zunge fährt an den Zähnen auf und ab
von außen und innen
und fegt die Backen drinnen.
Zunge in die Backentasche stecken

Sie holt den Staubsauger sodann
und fängt ganz wild zu wackeln an.
Zungenspitze wackelt
Und ist sie froh,
dann macht es so.
Denken Sie sich eine eigene Zungenstellung aus

Abends legt sie sich zur Ruh
und macht ihr Häuschen wieder zu.
Mund schließen
Jetzt ist sie müde wie ein Hund,
schläft ein und träumt in ihrem Mund.
Augen schließen

Körperklang und Pause

Rhythmusspiel ab 6 Jahren

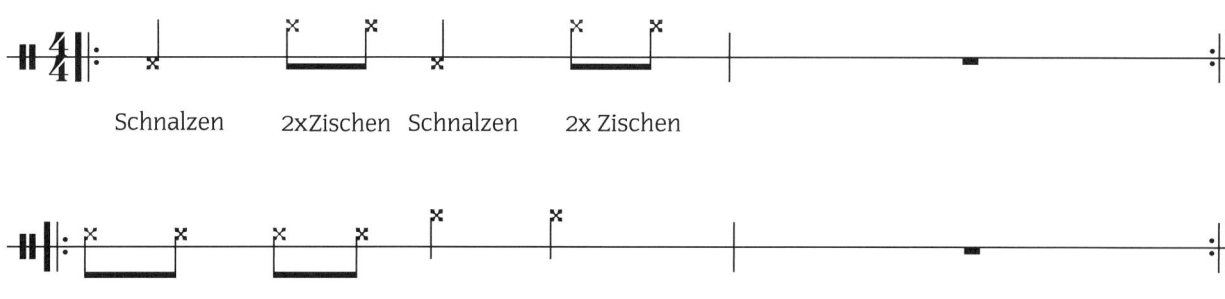

Schnalzen   2xZischen   Schnalzen   2x Zischen

4x Klatschen   2x Schnipsen

usw.

Es wechseln sich Körperklänge und eine gleich lange Pause ab. Jeweils einen Takt führen Sie eine Aktion wie laut Atmen oder Zischen oder Zunge- schnalzen aus. Dann halten alle einen Takt lang die Luft an und wiederholen danach beide Takte. Anschließend kommt eine neue Aktion.

Unsre Körperklänge ⊙ Nr. 9

Rap ab 4 Jahren, Wolfgang Hering
Das Gedicht wird als Rap zu den „Sampler-Geräu-
schen" des Körpers gesprochen.

1. Am Anfang geht der Atem,
wir ziehn ihn rein ganz sacht.
Wir brauchen Luft am Tage
und auch die ganze Nacht.
Wir achten auf den Atemzug
und pusten ihn dann aus.
Er kommt mal aus der Nase,
mal aus dem Mund heraus.

2. Wir nehmen einen Luftzug
beim Schlafen ruhig auf
und atmen sehr viel schneller
nach einem Dauerlauf.
Und wenn wir Treppensteigen,
pfeift's wie beim Wirbelsturm.
Wir sind heftig am schnaufen
gehn wir auf einen Turm.

Refrain
So ein Sound wird bestaunt,
Fleisch und Blut, das klingt gut.
Bauchumfang mit Körperklang.
Bei dem Hit macht jeder mit.

3. Beständig pocht der Herzschlag,
ganz ohne Rast und Ruh.
Den Puls spürt ihr am Armband,
dort klopft er immerzu.
Das Blut fließt durch den Körper,
es pumpt euch etwas vor.
Liegt eine Hand am Brustkorb,
dann hört ihr den Motor.

4. Am eignen Leib, da können
wir super musizier'n.
Es klingt an vielen Stellen
vom Bein bis zu der Stirn.
Wir klopfen mit zwei Fingern,
ganz leise klingt die Haut.
Wenn wir feste klatschen,
dann schallt das richtig laut.

Refrain

5. Der Mund spielt mit dem Daumen
ein Blubber-Plopp-Duett.
Das klingt mit etwas Übung
zusammen richtig fett.
Die Zungen können schnalzen.
sodass ein Hund das hört,
das Schnalzen wird bei Pferden
zum Klapper-Klopf-Konzert.

6. Das Knie, das wird zum Schlagzeug,
die Hände klopfen drauf.
Sie patschen eine Weile.
und haben freien Lauf.
Die Brust, die wird zur Trommel,
da steckt viel Rhythmus drin.
Der Nachbar hält den Rücken,
kurz für ein Solo hin.

Refrain

7. Wir laufen mit den Füßen,
gehn vorwärts Schritt für Schritt.
Sie machen automatisch
beim Laufen alles mit.
Man kann sie manchmal hören,
beständig tipp und tapp.
Und wenn sie rennen, geht es
auch mal so richtig ab.

8. Wir laufen um die Wette,
mit reger Beinarbeit,
und Achtung jetzt, wir springen
auch einmal superweit.
Dann kommt noch ein Getrampel,
hat keiner je erlebt,
wie eine Horde Pferde,
sodass der Boden bebt.

Refrain

9. Wir bleiben wieder stehen,
sind ruhig noch mal hier.
Wir reiben unsre Hände,
sie knistern wie Papier.
Hört, wie die Füße stampfen,
pfeift, wie ein Sturmwind weht,
und hört dann ganz am Ende,
wie euer Atem geht.

10. Die Waldgeister

Wesen mit besonderen Fähigkeiten laden ein, Ängste zu überwinden, Allmachtsgefühle auszukosten und das Spiel mit dem Gruseln auszuprobieren. Für Kinder ist unsere Welt mit ihren Steckdosen, Computerspielen und Fernbedienungen eine magische. Sie nutzen Dinge, lange bevor sie sich diese erklären können. Sie spielen ihre Lieblingswesen aus den Comicserien nach und erleben dabei unglaubliche Metamorphosen. Kampf, Rettung, Mut und Ideenreichtum sind in diesen Spielen zu finden.

In unserem Lied „Die Waldgeister" treten Trolle, Hexen, Elfen und Wurzelwichte auf. Welche Geschichten und magische Fähigkeiten sich um diese Wesen ranken sollen, kann frei zusammengetragen werden. Genauso können auch Märchen vorgelesen werden, um die Fantasie der Kinder anzuregen, bevor es an die Umsetzung geht.

Waldgeister an der Wand
Schattenspiel ab 6 Jahren

Material: Fundstücke aus dem Wald, Knete, Lampe, dunkler Raum

Bei einem Waldausflug suchen die Kinder interessant geformte Wurzelstücke, Steine oder Teile von Baumrinden.

In einem abgedunkelten Raum werden die Fundstücke vor eine weiße Wand gehalten und mit einer hellen Lampe angestrahlt. So entsteht ein interessantes Schattenspiel, das uns einiges über die Körperhaltung von Waldgeistern verrät. Mit Knete bekommen unsere Waldgeister Augen, Nase und Mund. Was machen sie wohl für Geräusche?

Schließlich versuchen wir selbst, einen so knorrigen Schatten mit den Fingern und Händen zu erzeugen, begrüßen uns als Waldschrate und verschwinden genauso rätselhaft wieder.

Wir verwandeln uns in Waldgeister
Rollenspiel ab 5 Jahren

Material: Schminkfarben, Pinsel, Fundstücke aus dem Wald, Digitalkamera

Im Wald gibt es sehr unterschiedliche Strukturen und Farbspiele zu entdecken. Es könnte das Sonnenlicht sein, das durch ein Blätterdach fällt. Oder die Maserung einer Rinde. Mit Schminkkasten und Pinsel wird die ausgewählte Naturstruktur auf das Gesicht übertragen. Nun schmückt sich das Kind noch mit Zweigen, Grasbüscheln, Federn oder anderen Fundstücken im Haar, und fertig ist der Waldgeist. Dieser sucht sich einen Platz in der Natur, der zu ihm passt. Die Gruppe begibt sich auf eine gemeinsame Runde. Jeder Waldgeist darf die Gruppe zu seinem Platz führen. Dort wird ein Erinnerungsfoto gemacht.

Fünf Kobolde
Fingerspiel ab 3 Jahren

Helga Zachmann

Fünf Kobolde wollen sich verändern,
Fünf Finger hochhalten
sie träumen gern von fernen Ländern
und möchten in der Ferne sein,
verreisen, ja, das wäre fein.

Der Erste stellt sich auf die Zehen.
Daumen hochhalten

Hier kann er bis zum Kirchturm sehen.
Hand über die Augen
Er spukt seitdem im Glockenturm
und läutet jeden Sonntag Sturm.
Hand läutet

Der Zweite liebt die großen Meere
Zeigefinger hochhalten
Klabautermann wär eine Ehre.
Er sieht die Segelschiffe dort,
Kräftig pusten
er winkt noch kurz und geht an Bord.
Winken

Der Dritte will gemütlich reisen
Mittelfinger hochhalten
und dabei auch noch vornehm speisen.
Kleinen Finger abspreizen
Er fühlt den Leuten auf den Zahn,
wenn sie grad essen in der Bahn.
Finger an die Backe

Den Vierten hört man sehr oft klagen,
Ringfinger bewegen
die Füße friern an feuchten Tagen.
Jammern und an die Füße greifen
So gern will er mal Schlossgeist sein
und steigt in eine Rüstung rein.

Der Fünfte kann im Flugzeug glänzen,
Kleinen Finger bewegen
er sorgt ganz gern für Turbulenzen.
Arme ausbreiten und brummen
Er rumpelt im Gepäckraum hier
und ärgert manchen Passagier.

Fünf Kobolde woll'n jetzt noch wissen,
Fünf Finger zeigen
ob die andern sie vermissen?
Sie haben nicht lang nachgedacht,
sich auf den Weg nach Haus gemacht.
Hand hinter dem Rücken verstecken

Waldgeister werfen
Bewegungsspiele ab 5 Jahren

Bei diesen Spielen geht es turbulent zu. Daher sollte genügend Platz vorhanden sein. Das Prinzip Zufall wird ausgenutzt, um neue Formen und Figuren zu erschaffen. Lassen Sie die Kinder im Raum herumgehen. Auf ein Zeichen hin (z.B. Musikstopp) finden sich immer zwei Kinder zu einem Paar zusammen, das eine gemeinsame Aufgabe erhält.

Über den Strich ziehen
Die beiden Akteure greifen die Arme des Partners und versuchen, sich gegenseitig über einen imaginären Strich zu ziehen.

Händedrücken
Das Paar legt die Handflächen aneinander und versucht, den anderen über eine Grenzlinie zu drücken.

Wegdrücken mit allen Vieren
Die Kinder gehen in den Vierfüßlerstand und versuchen, sich mit den Schultern wegzudrücken. Der Kopf kann dabei seitlich unter den Partner geführt werden.

Figuren werfen
Nachdem die Kinder so ein Gespür für Kraft und Gewicht einer anderen Person entwickelt haben, kommen wir zum eigentlichen Figurenwerfen. Dabei erleben wir die Fliehkraft am eigenen Leibe. Wieder werden Paare gebildet. Die Kinder fassen sich über Kreuz fest an den Handgelenken und lehnen sich weit nach außen. Dann beginnen sie, sich umeinander zu drehen, zunächst langsam, dann immer schneller. Geben Sie das Tempo mit einer Handtrommel vor. Beim letzten lauten Schlag lassen alle los und fallen auf den Boden. Nun soll jeder in dieser zufälligen Position liegen bleiben. Wiederholen Sie dies einige Male und fordern Sie dann alle auf, sich im Raum umzusehen und die verschiedenen Figuren wahrzunehmen.

Variante: Nachdem die Figuren entstanden sind, spielen Sie Musik ein. Alle beginnen aus ihrer Figur heraus, sich wie ein Waldgeist zu bewegen. Wiederholen Sie dies einige Male. Die Wesen werden immer außergewöhnlicher und verrückter. Jedes Kind darf seinen gelungensten Waldgeist vorspielen. Die Gruppe versucht, für jedes gezeigte Wesen einen passenden Namen zu finden: z.B. Wurzelgeist, Knotengnom, Kreuzbeiner …

Tanzen in vier verschiedenen Rollen

Freie Tanzanregung ab 5 Jahren

Als Einstieg werden mit den Kindern die verschiedenen Typen erarbeitet: Figuren aus der Fantasie- und Märchenwelt – Hexen, Feen, Riesen und Kobolde. Alle werden mit bestimmten Bewegungen in Verbindung gebracht. So stellt man sich unter einer Hexe etwas Gekrümmtes und Hässliches vor. Die Hände sind verkrampft und das Gesicht verzerrt. Ganz im Gegensatz zu einer Fee, die als schön und schwebend beschrieben wird. Ein Riese ist ein grober und tollpatschiger Kerl, seine Schritte sind schwer. Der Kobold ist klein und flink. Es gibt ihn in der Variante bösartig und verkniffen, oder auch als gutartigen Helfer in der Not.

Welche Assoziationen haben die Kinder in Bezug auf die vier Typen? Schön ist es, wenn es zu jedem Typus eine passende Musik gibt, zu der die Kinder sich erproben können. Die Kinder dürfen sich in den unterschiedlichsten Rollen präsentieren und in zwei Gruppen gegenseitig vorstellen. Das jeweilige Publikum gibt der Gruppe, die in Aktion war, Rückmeldung, was besonders gut gelungen war.

Waldgeisterfamilien

Bewegungsspiel ab 8 Jahren

Die Kinder teilen sich in vier gleichstarke „Familien" auf. Es gibt Kobolde, Hexen, Feen und Riesen. Jede Gruppe arbeitet möglicht ohne Kontakt zu den anderen, sozusagen geheim. Die Gruppen überlegen sich – ggf. unter Anleitung – passend zu ihrem Typ eine kleine Bewegungssequenz, zu der auch bestimmte Laute oder Töne gehören. Dies sind ihr Erkennungsmerkmal als Familie. Die Riesen könnten bspw. voranstürmen und sich dann mit einem lauten „Hooh!" auf die Oberschenkel schlagen. Diese Sequenz sollte dann wiederholt werden, so dass eine rhythmische Phrase entsteht.

Waldgeister

Tanzlied ab 4 Jahren

Text/Musik: Wolfgang Hering   Nr. 10

Wir ge-hen heu-te Nacht durch den Wald, die Bäu-me sind be-stimmt tausend

Jah - re alt.   Der Mond scheint hell, so   sehn wir ge - nug.   Wir

hö- ren uns-ren eig - nen   A - tem-zug.   Da blei-ben wir an ei - nem

Fel-sen stehn. Ha-ben wir nicht da ei-nen Schat-ten ge-sehn? Es zi-schelt lei-se, ei-ne

Eu - le schreit laut,   wir ha-ben al-le ei - ne Gän-se-haut.   Wald-geis-ter

to-ben durch die Nacht,   We-sen mit viel Zau-ber-macht, brin-gen dir Pech,

brin-gen dir Glück,   ha-ben ü - ber al-les den   Ü - ber-blick.

1. Wir gehen heute Nacht durch den Wald,
Die Kinder streifen im Raum umher
die Bäume sind bestimmt tausend Jahre alt.
Nach oben schauen
Der Mond scheint hell, so sehn wir genug.
Wir hören unsren eignen Atemzug.
Da bleiben wir an einem Felsen stehn.
Stehenbleiben und lauschen
Haben wir nicht da einen Schatten gesehn?
Es zischelt leise, eine Eule schreit laut,
Eulenschrei imitieren und weiterschleichen
wir haben alle eine Gänsehaut.

Refrain:
Waldgeister toben durch die Nacht,
Hopserschritte kreuz und quer durch den Raum
Wesen mit viel Zaubermacht,
bringen dir Pech, bringen dir Glück,
haben über alles den Überblick.

2. Es laufen im Wald große Trolle herum.
Große, schwere Schritte machen
Sie sind ungelenkig und etwas dumm.
Sie kraxeln mühselig den Berg hinauf,
ein Knochenknacken nehmen sie in Kauf.
Arme schlenkern und dabei schnalzen
Und trotzdem sind Trolle sehr geschwind.
Lauftempo erhöhen
Ins Tal rennen sie wie ein Wirbelwind.
Herumschnüffeln
Sie haben große Nasen und strecken sie raus,
riechen, wenn's Essen gibt bei euch zu Haus.

3. Die Hexen wohnen in irgendeinem Haus,
fliegen manchmal dort zum Schornstein raus.
Auf dem Besen fliegen
Sie schweben gern im Wald um die Bäume herum,
machen den Rücken dabei ganz krumm.
Die Hexen krächzen und lachen ganz fies.
Schreien und laut lachen
Mitunter schreien sie fast so wie am Spieß.
Wenn du sie draußen mal triffst irgendwo,
dann sagst du zu ihnen ganz cool „Hallo".

4. Da schleichen Wurzelwichtel am Boden lang.
Auf halber Höhe bewegen, Buckel machen
Wer sie sieht, dem wird gleich Angst und Bang.
Hässlich sind sie und ganz klitzeklein.
Grimassen schneiden
So einer hat auch mal ein Hinkebein.
Die Wichtel sind verhutzelt und behaart,
mit Falten und verlaustem Zottelbart.
Seid höflich zu ihnen, sonst ist was los,
und sie verfolgen euch gnadenlos.

5. Habt ihr die Elfen dort hinten erkannt?
Schweben und sich drehen
Sie tanzen wie die Feen ganz elegant.
Wenn sie erscheinen, ist nichts mehr grau.
Sie bilden einen Reigen im Morgentau.
Man sieht sie meistens ganz in weiß.
Zum Tanze schweben sie gern im Kreis.
Reigen in der Mitte tanzen
Dann liegt still der Wald in Harmonie
und alles ist friedlich bis Morgen früh.

Spielanregung

Wie in „Waldgeisterfamilien" (S. 71) bilden sich vier Gruppen, die sich typisch bewegen. Die Trolle machen weitausholende, ungelenke Bewegungen, die Hexen fliegen auf ihrem „Besenstiel" herum, Wurzelwichtel schleichen mit krummen Rücken am Boden entlang, und die Elfen tanzen auf Zehenspitzen leichtfüßig über den Boden. Sie können die Waldgeister mit einem Instrumentenspiel begleiten: Trolle mit Klanghölzern, Hexen mit pfeifenden Röhren, Wurzelwichtel mit knatternden Ratschen (Guiros) und Elfen mit Triangel oder Glockenspiel.

Variante: Alle Kinder spielen die Bewegungen nach, die die Spielleitung vorgibt.

11. Die verrückte Küche

Wir brauchen keine teuren Musikinstrumente, um die Wahrnehmung der Kinder auf rhythmische und musikalische Elemente zu lenken. Mutters Küchenschublade gibt alles her, was wir für ein kleines Orchester benötigen. Außerdem macht es Freude, sich in den eigenen vier Wänden auf die Suche nach besonderen Tönen und Klängen zu machen. Wie klingt die Heizung, wie das Kellergeländer? Welch feine Melodie können wir einem Eierschneider entlocken? Legen wir unser Hauptaugenmerk auf das Ohr und stellen ihm einige Aufgaben, so verändert sich die Stimmung im Raum oft sehr positiv. Um mitzubekommen, was geschieht, werden wir ruhiger und hören aufmerksamer zu. Zum Thema Richtungshören gibt es zwei Spielvorschläge, die mit geschlossenen oder verbundenen Augen ausgeführt werden können. Viel Spaß beim Musizieren!

Musikmachen mit Küchengeräten

Jedes Kind sollte ein bis drei Küchenutensilien mitbringen, die ein besonderes schönes Geräusch erzeugen. Geeignet sind Schneebesen, Topfdeckel und Kochlöffel, ein Eierschneider etc.

Wir wollen gemeinsam Musik machen. Hierzu ist es unerlässlich, dass das Gehör der Kinder und die Aufmerksamkeit für die gesamte Gruppe gezielt in der Stunde geschult wird. Gleichzeitig verlangt es von den Kindern ein hohes Maß an Disziplin. Im folgenden ein paar einfache Spielanregungen.

Wo ist das Geräusch?

Wahrnehmungsspiel ab 3 Jahren

Material: Küchenutensilien
Die Kinder stehen oder sitzen mit geschlossenen Augen ruhig im Raum. Eines wurde vorher bestimmt und schleicht im Raum umher. Es hat z.B. den Schneebesen dabei und macht damit ein leises Geräusch. Die anderen Kinder sollen blind dorthin zeigen, wo sie die Quelle des Geräusches vermuten. Danach können sie selbst überprüfen, ob die Richtung gestimmt hat, und es beginnt eine neue Runde.

Geräuschetore
Wahrnehmungsspiel ab 5 Jahren

Material: Je 2 Schneebesen, Topfdeckel, Holzlöffel

Drei bis vier Paare suchen sich das gleiche „Instrument" aus, z.B. zwei Schneebesen, zwei Topfdeckel, zwei Holzlöffel. Die Paare bilden jeweils ein Tor im Raum. Die (höchstens vier) Tore können an unterschiedlichen Stellen im Raum platziert werden. Die anderen Kinder bekommen nacheinander die Augen verbunden. Ein „Tor" beginnt und lässt seinen Ton erschallen. Die blinde Person tastet sich zum Tor und geht hindurch. Damit verstummt das Paar, und ein anderes beginnt. Es ist auch möglich, alle Tore gleichzeitig ertönen zu lassen.

Geräusche im Kreis
Wahrnehmungsspiel ab 4 Jahren

Material: Verschiedene Küchengeräte

Die Kinder sitzen mit geschlossenen Augen im Kreis. Ein Kind hat die Augen offen. Es sucht sich eines der Küchengeräte aus und erzeugt damit einen Ton. Dieser leise Ton wird nun reihum weitergereicht. Wer das Geräusch direkt an seinem Ohr hört, darf die Augen öffnen, nimmt das Küchengerät und erzeugt an Nachbars Ohr einen neuen Ton usw.

Lockgeräusche
Partnerspiel ab 6 Jahren

Zwei Kinder vereinbaren ein Geräusch, das ein Küchengerät ihrer Wahl von sich gibt. Ein Kind hat die Augen geschlossen und wird mit Hilfe des Geräusches durch den Raum geführt. Dann werden die Rollen getauscht.

Rhythmus weitergeben
Rhythmisches Kreisspiel ab 5 Jahren

Die Kinder sitzen im Kreis und haben je ein Küchengerät ihrer Wahl vor sich. Nun schlägt ein Kind einen Rhythmus, den es ständig wiederholt. Sein Nachbar spielt mit seinem Gerät etwas Passendes dazu. Wir hören beide eine Zeit lang gemeinsam. Kommt das nächste Kind dazu, so verstummt das erste. Wir hören also immer nur zwei gemeinsam. Dieses Prinzip setzt sich fort, bis alle Kinder einmal dran waren.

Der Kochtopf
Rhythmisches Gedicht ab 4 Jahren

Helga Zachmann

Auf dem Herd, da steht ein Topf und die Mut-ter dreht am Knopf.

Leis be-ginnt der Topf zu sum-men, ru-hig vor sich hin zu brum-men.

Mut-ter dreht den Herd auf Zehn und will noch schnell zum Bä-cker gehn. Der

De-ckel wac-kelt nun ge-schwind, da klopft gern mit ein je-des Kind.

Auf dem Herd, da steht ein Topf,
und die Mutter dreht am Knopf.
Leis beginnt der Topf zu summen,
ruhig vor sich hin zu brummen.
Summen

Mutter dreht den Herd auf Zehn
und will noch schnell zum Bäcker gehn.
Der Deckel wackelt nun geschwind,
da klopft gern mit ein jedes Kind.
Auf die Schenkel patschen

Mutter steht beim Bäcker an,
zuerst kommt Familie Meyer dran.
Der Topf beginnt ganz laut zu zischen,
gibt's gleich etwas aufzuwischen?
Zischen

Der Deckel fällt zum Boden hin,
im Topf ist sehr viel Suppe drin.
Da blubbert jetzt 'ne Menge raus
wär doch die Mutter schon zu Haus.
Blubbern

Frau Specht betritt die Bäckerei,
erzählt der Mutter von Hawaii.
Die Suppe spritzt nun an die Wand,
und es riecht ja so verbrannt.
Nase zuhalten und „Iiih!" rufen

Die Nachbarin ist sehr erschreckt,
als sie den Küchenqualm entdeckt.
Eins, zwei, drei die Feuerwehr,
ist schnell zur Stelle, bitte sehr!
Tatütata

Die Mutter kehrt zurück nach Haus,
wie sieht's denn in der Küche aus?
Die Suppe hängt hoch an der Wand.
Nun gibt es Pommes auf die Hand.
Hand vor offenem Mund „Ooh!"

Spielanregung

Die Spielleitung spricht den Text in gleichbleibendem Tempo. Die Gruppe macht die Hintergrundgeräusche, die sich auch rhythmisch in das Stück einfügen sollten.

In der Küchenschublade von Oma Else

Spielgeschichte ab 4 Jahren

Material: Holz- und Suppenlöffel, Eierschneider, Schneebesen, Salzstreuer, Pfanne, Töpfe, Deckel, Wasserkessel, Teetasse mit Löffel, Nudelholz

Oma Else liebt es, den ganzen Tag in ihrer alten Küche zu kochen, zu backen und zu schmoren. In ihrem Küchenschrank gibt es eine riesige Schublade. Und diese Küchenschublade zieht sie nun heraus und kramt darin herum …
Sie findet einen Holzlöffel, mit dem sie in einem Kochtopf herumrührt … Sie findet einen Eierschneider, der zarte Töne von sich gibt … Dann braucht sie noch das Nudelholz, denn sie muss noch einen Teig ausrollen.
Als sie an diesem Abend alles fertig hat und das Geschirr wieder sauber im Schrank steht, geht sie direkt zu Bett.
Doch in dieser Nacht bleibt die Küchenschublade ein klein wenig offen stehen. Das war Oma Else noch nie passiert. Ein paar vorwitzige Suppenlöffel schauen da heraus und lassen sich auf den Boden fallen … Die Kochtöpfe klappern vor Freude laut im Schrank … Der Schneebesen musiziert mit dem Eierschneider … Und die Salz- und Pfefferstreuer schütteln sich im Takt dazu …
Da geht plötzlich das Licht an, und alles verstummt … Oma Else hat ihren Schlummertrunk vergessen. Sie schlurft zum Kühlschrank. Die Tür öffnet sich quietschend und Else nimmt einen kräftigen Schluck … Dann geht sie zurück ins Bett. Das Licht verlöscht.
Nun hält es die Bratpfanne nicht mehr an der Wand. Zusammen mit einer Suppenkelle macht sie richtig Krach … Zwei Topfdeckel kommen hinzu, und alle Küchengeräte fallen in diese Musik mit ein … Das reicht dem Teekessel, und er pfeift so laut er kann, sofort ist wieder alles ruhig.
Eine Weile hört man gar nichts mehr. Zuerst meldet sich vorsichtig die kleinste Tasse mit ihrem zierlichen Teelöffel, dann kommt die Eierharfe hinzu, dann der Schneebesen, nach und nach stimmen alle mit ein … Sie musizieren gemeinsam bis zum Morgengrauen. Müde und erschöpft verschwindet ein Küchengerät nach dem anderen wieder an seinen Platz und schläft ein.
Am nächsten Morgen wundert Oma Else sich doch sehr. Noch nie hatte sie die Küchenschublade offen stehen lassen. Mit einem „Rumms!" schiebt sie sie zu.

Spielanregung

Jedes Kind im Kreis hat ein Küchengerät seiner Wahl bei sich. Die restlichen liegen in der Mitte und können bei Bedarf verwendet werden.
Dann wird die Geschichte erzählt, wobei die Kinder alle notwendigen Geräusche erzeugen. Für die Spielleitung: Drei Punkte … stehen immer dort, wo es eine Pause für die Geräusche geben soll.

Die Küche spielt verrückt

Tanzlied ab 4 Jahren   Text/Musik: Wolfgang Hering   ⦿ Nr. 11

Strophe   **F**

Es sind al - le im Ur - laub, die Kü - che ist ganz leer. Es

F   **C**

gibt im Haus seit Ta - gen kein Le - bens - zei - chen mehr. Am

C

Schrank, seht ihr das Schub - fach, das steht et - was he - raus. Da

C   **F**

schlüp - fen plötz - lich Löf - fel mit viel Ge - klim - per raus.

Refrain   **Dm**   **Dm**

Heut hat wohl ein Zau - be - rer die Sa - chen an - ge - klickt. (Bling)

C   **F**

Klap - per, klap - per, schep - per, boing, die Kü - che spielt ver - rückt.

1. Es sind alle im Urlaub,
die Küche ist ganz leer.
Es gibt im Haus seit Tagen
kein Lebenszeichen mehr.
Am Schrank, seht ihr das Schubfach,
das steht etwas heraus.
Da schlüpfen plötzlich Löffel
mit viel Geklimper raus.

Refrain:
Heut hat wohl ein Zauberer
die Sachen angeklickt. (Bling)
Klapper, klapper, schepper, boing,
die Küche spielt verrückt.

2. Dahinter kommen Deckeln,
die sind besonders fit.
Ein Eierschneider klimpert
in höchsten Tönen mit.
Da tanzen Tassen munter
ein Küchentischballett.
Zwei Kochtöpfe, die spielen
ein Topf- und Klopfduett.

Refrain

Die Teller, oh sie scheppern,
was sind die glatt und nackt.
Die Kochlöffel, sie schlagen
dazu mit schnellem Takt.
Auch Salz- und Pfefferstreuer,
die hüpfen ganz erfreut.
Bei jeden Sprung, da wird kurz
was in die Luft gestreut.

Refrain

3. Selbst große Blumenvasen,
die tanzen Cha-Cha-Cha.
Die Gläser, die swingen mit
und singen: Dadada.
Kein Gegenstand im Häuschen
liegt einfach nur stumm rum.
Es tobt in allen Zimmern
das ganze Publikum.

Refrain

4. Das Kücherhausorchester
geht völlig aus sich raus.
Da klingelt laut das Telefon
ganz schrill durchs ganze Haus.
Und jeder, der Musik macht,
lässt gleich das Spielen sein.
Geht schnell zum alten Platze,
sofort kehrt Ruhe ein.

Schlussrefrain
Da hatte wohl ein Zauberer
die Sachen angeklickt. (Bling)
Klapper, klapper, schepper boing,
die Küche war verrückt.

Spielanregung
Material: Löffel und Gabeln Topfdeckel, evtl. Eierschneider für jedes Kind

Lassen Sie die Kinder zunächst im Tempo des Stückes mitklopfen. Später können Absprachen hinzukommen: Es geht los mit den Löffeln. Sie spielen im ersten Refrain bei „Bling" einen Schlag. In der zweiten Strophe haben Gabeln, Eierschneider und Topfdeckel ihren Auftritt. Nach einem furiosen Finale verstummen die Instrumente, und das Stück endet mit dem abgewandelten Refrain.

12. Malermeister Markus Mumm

Das Thema Farben spielt für Kinder eine große Rolle. Meist können sie eine Lieblingsfarbe benennen und verbinden damit auch bestimmte Dinge. Jedes Kind liebt dicke Filzstifte und malt gern. Wir wollen dem „Freien Malen" das „Freie Bewegen" voranstellen. Die Vorstellung, dabei Spuren zu hinterlassen, ist hilfreich und reizvoll zugleich. Interessant wäre es natürlich, den Kindern diese Variante tatsächlich auch zu ermöglichen und große Papierbahnen auszulegen, etwa um Ganzkörperumrisse zu machen oder um Spuren mit Händen und Füßen sichtbar zu machen.

Fragen Sie Ihre Kinder: Was fällt euch spontan zu bestimmten Farben ein? Gelb wird meist in Verbindung mit der Sonne, Licht, Strand, Blumen genannt. Blau steht für Himmel und Meer. Grün sind der Wald und die Pflanzen; es steht für Wachstum, ernten und auch jagen. Rot ist die Liebe, Wärme, aber auch das Feuer und die Glut der Erde. Welches ist deine Lieblingsfarbe und was malst du damit gerne?

Musik mit Farben
Bewegungsspiel ab 4 Jahren

Alle Kinder gehen oder laufen frei im Raum umher (nach Musik von CD 2). Bei Musikstopp ruft die Anleitung jeweils eine Farbe aus. Alle versuchen, so schnell wie möglich diese Farbe an der Kleidung eines anderen Teilnehmers zu finden und anzufassen. Die eigene Kleidung zu berühren, ist nicht gestattet. So entstehen verschiedene Konstellationen im Raum.

Bei älteren Kindern können die Paare oder Gruppen noch eine Zusatzaufgabe erhalten:

- Setzt euch ohne loszulassen gemeinsam auf den Boden und steht wieder auf.
- Dreht euch als gesamte Gruppe um euch selbst.
- Wir machen ein Familienfoto. Alle lächeln und winken in die Kamera.
- Redet in Fantasiesprache durcheinander.
- Geht in Zeitlupe und rückwärts auseinander.

Rote Rose, blaues Meer
Improvisationsspiel ab 5 Jahren

Bei Musikstopp wird eine Farbe genannt. Aufgabe ist es nun, etwas darzustellen, das mit dieser Farbe in Verbindung gebracht wird, bspw. bei Blau das Meer oder einen Delfin. Oder bei Rot eine Rose oder ein schlagendes Herz. Sie können die Kinder in zwei Kleingruppen teilen und jeweils raten lassen, was dargestellt wird.

Zeichenstift
Pantomime ab 5 Jahren

Jedes Kind verwandelt sich in einen großen Zeichenstift und malt nach Vorgabe verschiedene Figuren großflächig auf das Parkett, z.B. Dreieck, Quadrat oder Kreis, eine liegende Acht, die Augen eines Würfels usw.

Farbentanz mit bunten Tüchern
Freie Tanzanregung ab 3 Jahren

Material: verschiedenfarbige Chiffontücher, Musik

Jedes Kind sucht sich ein Tuch aus. Mit Musikeinsatz tanzen alle frei im Raum umher und probieren aus, wie das Tuch zum Einsatz gebracht werden kann: Einhändig, beidhändig, auf dem Kopf, Bauch oder Rücken, hochgeworfen oder in Schlangenlinien geführt. Dann finden sich diejenigen zusammen, deren Tuch die gleiche Farbe besitzt. Die Gruppe tanzt einen Moment gemeinsam, die Kinder drehen sich und wirbeln umeinander herum. Danach finden sich drei verschiedenfarbige Tücher zusammen und suchen eine gemeinsame Bewegung mit dem Tuch. Schließlich geht die ganze Gruppe als Kette durch den Raum. Wer vorne ist, macht eine Bewegung vor, die alle aufnehmen. Zum Schluss bilden die Kinder einen Kreis und bewegen sich als Kaleidoskop mit ihren bunten Tüchern.

Wir tanzen mit Farben
Bewegungsspiel ab 4 Jahren

Flotte Musik läuft von der CD 2. Wir stellen uns vor, jeder habe einen großen Eimer mit seiner Lieblingsfarbe vor sich stehen. Zunächst tauchen wir unsere Hände wie Pinsel darin ein. Damit bemalen wir den Raum um uns herum. Später tauchen wir unsere Füße, Ellenbogen usw. ein.
- Hände malen Punkte, Schlangenlinien, Zickzack, Flächen, spritzen nach allen Seiten.
- Füße malen Fußspuren, Schlittschuh laufen, Beidbeiniges Hüpfen, auf Zehenspitzen.
- Hände und Füße: Auf allen Vieren lassen sich viele verrückte Gangarten entwickeln; die Füße sind an einem Platz festgeklebt, und nur die Hände dürfen wandern und umgekehrt.
- Wir steigen bis zur Hüfte in die Tonne: Was können wir mit Füßen, Unterschenkel und Po für Abdrücke auf den Boden hinterlassen? Einmal mit und einmal ohne Nutzung der Hände ausprobieren.

Wir steigen komplett in die Tonne (Nase zuhalten und untertauchen): Wir malen den gesamten Fußboden bunt an. Großflächig werden Arme und Beine verwendet, durch Rollen am Boden gelangen wir auf einen anderen Platz.
Abduschen der Farbe: Zu Paaren befreien wir uns gegenseitig von der Farbe. Haare waschen nicht vergessen!

Malermeister Markus Mumm

Tanzlied ab 4 Jahren   Text: Helga Zachmann/Wolfgang Hering Musik: Wolfgang Hering   ⊙ Nr. 12

In uns-rer Stadt, da steht ein Haus, das sieht grau wie ein Mäus-chen

aus. Ge-fragt ist da die Ma-le-rei, mit

Far-be wird das wie-der neu. Das Haus wird bald le-ben-dig

sein, da kom-men vie-le Kin-der rein. Es wird er-neu-ert rund-he-

rum mit Ma-ler-mei-ster Mar-kus Mumm. Yab-di dab-di dab-di—

du, yab-di dab-di dab-di— dei dei dab-di— dei dei dab-di du.

1. In unsrer Stadt, da steht ein Haus,
das sieht grau wie ein Mäuschen aus.
Kinder kauern auf dem Boden
Gefragt ist da die Malerei,
mit Farbe wird das wieder neu.
Das Haus wird bald lebendig sein,
da kommen viele Kinder rein.
Es wird erneuert rundherum
mit Malermeister Markus Mumm.
Spielleitung oder älteres Kind als Malermeister

2. Mit weißer Kleidung kommt Herr Mumm
und rührt am liebsten Farben um.
In dem Eimer, erst im Kreis,
da mischt er sie, so wird ihm heiß.
Rührbewegungen
Er ist voller Tatendrang
und macht sich für die Decke lang.
Arme über den Kopf strecken
Sie wird rosa–violett,
die Kinder helfen, das ist nett.
Alle machen die Bewegungen mit

Refrain
Yabdi dabdi dabdi du,
yabdi dabdi dei dei
dabdi dei dei dabdi dei dei du.

3. Und dann kommen Wände dran.
Sie fangen in den Ecken an.
Hoch- und runterstreichen
Kreuz und quer, ja, das macht Spaß,
Herr Mumm, der gibt so richtig Gas.
Danach kleckst er umso mehr,
denn Punkte mag er wirklich sehr.
Punkte in die Luft pinseln
Rot, Orange, dann Gelb mit Grün,
hat man so was schon gesehn?

4. Doch plötzlich fällt ein Eimer um,
alle stehn kurz dumm herum.
Überrascht auf den Boden zeigen
Markus ruft: „Das wär doch schlau,
der Boden bleibt im satten Blau!"
Im Schlittschuhschritt geht's weiter nun,
Schlittschuhschritt
mit großen Bürsten an den Schuhn.
Herr Mumm springt hoch, so wie ein Floh
und fällt ganz heftig auf den Po.
Alle lassen sich fallen

Refrain

5. Auf dem Hintern geht es dann
Auf dem Po rutschen
tief in Farbe nun voran.
„Popowandern" ruft Herr Mumm,
jeder lacht sich schief und krumm.
„Probiert zu zweit, nach oben zu gehn.
Rücken an Rücken aufzustehn.
Partner suchen und aufstehn
Das ist nicht einfach, lasst euch Zeit,
so schafft ihr es mit Sicherheit."

6. Die Außenwände sind nun dran.
Herr Mumm streckt sich, so gut er kann.
Alle strecken sich
Hübsch glänzt bald das Kinderhaus,
ganz bunt sieht es am Ende aus.
Im Garten gibt's den Teich als Pool.
Sie springen rein, denn das ist cool.
Schwimm- und Tauchbewegungen
Und jeder taucht auch mal hinab,
so geht die Farbe schließlich ab.

Refrain

13. Die Dinos sind los

Dinosaurier, die größten Landlebewesen, haben Kinder schon immer fasziniert. Vor allem die Riesen wecken heute noch unser Interesse. Unglaublich, dass z.B. der Apatosaurus mit einer Länge von 25 Metern und einem Gewicht von 30 Tonnen aus einem Ei schlüpfte und danach nur Grünzeug fraß. Das Thema begeistert Kinder und weckt ihre Fantasie. Vor allem Jungen sind dankbar dafür, ihr Fachwissen endlich einmal anbringen zu können. Beauftragen Sie die Kinder, Fachliteratur von zu Hause mitzubringen, ist ein Regalbrett schnell gefüllt. Beginnen Sie mit einfachen Spielideen.

Die Dinos wachen auf
Bewegungsspiel ab 3 Jahren
Helga Zachmann/Wolfgang Hering

Ein Dino taut im Eisberg auf.
Gleich ist er wieder sehr gut drauf.
Er hat eine megagroße Gestalt
und ist hunderttausend Jahre alt

Eingefroren stehst du hier
als riesengroßes Dinotier.
Wird es warm, so taust du auf,
du zeigst mir nun, wie ich lauf!

Spielanregung
Alle Kinder liegen eingefroren auf dem Boden. Wenn der zweite Vierzeiler gesprochen wird, gibt ein Kind die Gangart vor. Es steht auf und macht z.B. große Sprünge, Trippelschritte, Seitwärtsschritte. Die anderen machen die Bewegung nach. Sie können das Spiel mit Musik unterlegen, z.B. dem Playback des Dinoliedes auf CD 2.

Die Nesträuber
Bewegungsspiel ab 6 Jahren

Material: Seile, Kissen o.ä. für das Nest, Gong oder Triangel

Es werden Vierergruppen gebildet. Jeweils ein Kind ist das Muttertier. Ein Nest wird gebaut. In dem Nest sitzen die frisch geschlüpften drei Dinosaurierkinder. Die Dinomutter geht auf Nahrungssuche, aber sie sucht auch fremde Babys. Sie nimmt ein fremdes Baby an der Hand und bringt es zu ihrem Nest. Das Baby ist hilflos und geht widerstandslos mit. Doch Vorsicht! Da alle Muttertiere auf Beutezug sind, fehlt mittlerweile vielleicht ein eigenes Jungtier und muss sofort aus dem fremden Nest geholt werden. Derweil schreien die Kinder schon wieder nach Futter. Ein turbulentes Spiel, dass mit einem Gongschlag endet. Wer seine Dinobabys am besten beschützt hat, ist Sieger.

Eiertransport
Bewegungsspiel ab 8 Jahren

Das Wetter vor 140 Millionen Jahren war sehr wechselhaft. Das Gelege eines Dinosauriers droht im Hochwasser eines Flusses unterzugehen. In der Sporthalle werden Matten zu einer Bahn ausgelegt. Etwa die Hälfte der Teilnehmer legen sich quer zur Bahn darauf. Die anderen Kinder stellen sich in eine Reihe, sie werden als Ei transportiert. Das erste Kind legt sich längs zur Bahn auf die anderen Kinder. Diese beginnen, sich zu drehen und das Ei so vorsichtig weiterzutransportieren. Wer auf der letzen Matte angekommen ist, muss sich zum Anfang des Förderbandes begeben, bis alle einmal Ei waren. Danach wechseln die Gruppen.

Dinos ertasten
Wahrnehmungsspiel ab 6 Jahren

Material: Dinofiguren, Tuch oder Schal

Viele Kinder haben Plastiknachbildungen der bekanntesten Dinosaurier. Diese sollen die Kinder mitbringen und gemeinsam bestimmen. Leicht lassen sich Flugsaurier Pteranodon, Triceratops (drei Hörner und Nackenschild), Tyrannosaurus rex (großer Fleischfresser), Stegosaurus (mit seinen Hornplatten auf dem ganzen Rücken) oder der große Apatosaurus (friedlicher Pflanzenfresser) voneinander unterscheiden. Dann werden einem Kind die Augen verbunden, und es versucht, blind die verschiedenen Dinos zu ertasten. Bei diesem Spiel erfahren die Kinder viel voneinander über die verschiedenen Dinosaurier und ihre Lebensgewohnheiten.

Gipsfußspuren
Bastelaufgabe ab 4 Jahren

Zunächst informieren wir uns in Büchern oder dem Internet über Fußspuren von Dinosauriern. Welche Spuren hinterließen sie im Matsch. Wie riesig waren diese?
Jedes Kind schneidet sich einen Schuhkarton zurecht. Es sollte nur ein Rand von ca. 4 cm stehenbleiben. In das entstandene Papptablett wird Gips gegossen. Nachdem der Gips angezogen ist, drückt jedes Kind den Abdruck seines Lieblingsdinos oder auch einen Fantasieabdruck in die weiße Masse.

In der Welt der Dinos
Freie Tanzanregung ab 5 Jahren

Legen Sie eine instrumentale Musik von CD 2 ein, zu der sich Kinder gerne bewegen. Immer wenn die Musik stoppt, sollen alle ihre Bewegung einfrieren und auf die nächste Aufgabenstellung warten, die dann wieder mit Musik ausgeführt wird.
Mit den Aufgabenstellungen probieren die Teilnehmer verschiedene Bewegungen von Dinosauriern aus:

- Klein und flink
- Groß und langsam
- Riesig und schwer
- Mit weit ausgebreiteten Armen fliegen
- Kopf zur Seite legen und lauschen
- Dinogeräusche von sich geben
- Dino bei der Körperpflege
- Frisch geschlüpftes Dinobaby
- Fürsorglicher Dinopapa bei der Nestpflege
- Fleischfresser schleicht sich an
- Aufgeschrecktes Rudel
- Wütender Kampf
- Friedlicher Pflanzenfresser beim Grasen
- Schneller Fluchtsaurier

Formationsflug nach Vulka-Ulka
Freie Tanzanregung ab 5 Jahren

Material: Tücher für alle Kinder, Musik

Die riesigen Pteranodons mit ihrer Spannweite von über sieben Metern sammeln sich jedes Jahr in großen Höhen, um gemeinsam zu ihren Brutstätten auf der Insel Vulka-Ulka zurückzukehren. Jeder große Flugsaurier ist dort aus dem Ei geschlüpft und möchte seine eigenen Eier hier ablegen. Legen Sie eine entsprechende Musik von CD 2 in. In der Sporthalle versuchen sich die Kinder im Segelfliegen. Mit Tüchern in beiden Händen gleiten sie durch die Halle. Dabei nutzen sie die Aufwinde und lassen sich in starken Strudeln nach oben tragen. Nun ruft die Spielleitung den Namen eines Kindes. Es wird das Leittier, dem die anderen Pteranodons folgen. Dabei versuchen sie, auch die Drehungen und Landungen zwischendurch spontan umzusetzen. Dann wird der Name eines anderen Kindes gerufen usw.

Die Dinos sind los

Tanzlied ab 4 Jahren

Text/Musik: Wolfgang Hering   Nr. 13

1. Auf die Insel Vulka-Ulka
Kinder liegen zusammengerollt als Eier in der Mitte
laden wir euch alle ein,
denn dort klopft Professor Schlaumann
Entsprechende Bewegungen machen

Dinoeier aus dem Stein.
Früher, vor Millionen Jahren,
lebten viele Dinos dort,
und der Doktor Schlaumann hat nun
viel geforscht an diesem Ort.

2. Mit viel Technik und viel Wissen
hat er sich das Ziel gesteckt,
Urgetier hier aufzuspüren,
neues Leben wird geweckt.
Langsam schlüpfen die Dinosaurierkinder, strecken sich und gähnen

„Sensation!", steht in der Zeitung,
In aufgeschlagener Zeitung lesen
diese Nachricht ist jetzt raus:
Aus den großen Felsenbrocken
schlüpfen Dinobabys aus.

Refrain:
Die Dinos, die Dinos, die Dinos sind los.
Die Dinoschritte sind wirklich riesengroß,
sie fauchen, und laut ist ihr Gesang,
ein Sprung ist schon mal hundert Meter lang.
Die Dinos stehen auf und laufen herum

3. Diese neugeborenen Dinos
ziehen rum mit viel Geschick,
sind etwa so groß wie Bäume,
Die Dinos präsentieren sich in voller Größe
haben alles gut im Blick.

Und sie laufen gern im Rudel,
doch sie gehen auch zu zweit.
Paare bilden
Für ein Rückenpanzerkratzen,
sind sie jederzeit bereit.
Gegenseitig den Rücken kratzen

4. Dort am Fluss die Krokodinos,
Die Kinder stellen Krokodile dar.
mit dem Schaufelbaggermaul,
gähnen manchmal in die Sonne
und sind ganz besonders faul.
Kennt ihr auch die Kängu-Dinos,
Mit den Händen vorm Körper hüpfen.
große Hufen vor der Brust,
hüpfen höher als die Bäume,
Springen, das ist ihre Lust.

Refrain

5. Die Tyrano-Dinos stecken
ihren Kopf gern in Höhlen rein.
Und sie fauchen wie die Drachen,
Fauchen
ganz gefährlich und gemein.
Gebt ihnen nur viel zu fressen,
Dinos legen sich hin und kauen
denn dann werden sie ganz matt.
Liegen so wie große Hügel
in der Landschaft völlig satt.

6. Oben fliegen Vogeldinos
Arme ausbreiten und bewegen
meist im Schwarm mit viel Genuss.
Wenn sie sich mal richtig strecken,
sind sie breiter als ein Fluss.
Der Professor wünscht, dass niemand
Alle Dinos stampfen oder klatschen zur Musik
diese Insel je verlässt.
Deshalb feiert er mit Dinos
oft ein Vulka-Ulka-Fest.

Refrain 2×

14. Das zauberhafte Schloss

Begeben Sie sich mit uns gemeinsam in das tiefe Mittelalter. Alle Uhren, Handys und sonstige elektronische Spielzeuge sind zu Beginn unserer Reise abzugeben. Das Mittelalter war unbequem und ungerecht, aber auch romantisch und verrückt. Es gibt viele Geschichten von Königen und Prinzessinnen, von Gauklern und Rittern und von Turnieren und Drachen. Das richtige Benehmen bei Hofe und die deftigen Späße der Gaukler sollen uns hautnah in versunkene Zeiten zurückversetzen. Der Tanz als Höhepunkt jedes Hofballes ist besonders vornehm. Vielleicht endet genau am Schluss des Menuetts die Zeitreise, und es geht – Hoppla – in einen modernen HipHop über.

Der Zeittunnel
Bewegungsspiel ab 6 Jahren

Material: Seil

Es geht in den Zeittunnel. Die Kinder spreizen die Beine. Das jüngste Kind (das größte, das Geburtstagskind ...) beginnt und kriecht eine Runde durch die Beine der anderen. Die schließen sich an. Am Ende des Tunnels liegt ein Seil, über das jedes Kind springt; damit ist es im Mittelalter angekommen.

Die Kutschfahrt
Bewegungsspiel ab 6 Jahren

Im Mittelalter angekommen, geht es weiter mit der Reise zum Schloss. Nicht im Omnibus oder per Flugzeug, sondern standesgemäß in einer Kutsche. Vier Freiwillige stellen die Pferde dar. Vier weitere Kinder (je nach Gruppengröße werden auch mehr Kinder benötigt) bilden die Kutsche, indem sie sich mit ihren Händen verbinden. Zwei Kinder sind Kutscher und Beifahrer. Nach einer Proberunde werden alle übrigen Kinder als Fahrgäste zum Schloss mitgenommen.

Das A–Z des Mittelalters

Bewegungsspiel ab 6 Jahren

Die Kinder bewegen sich zu mittelalterlicher Musik (z.B. von der CD „Markt, Musik und Mummenschanz" aus dem Ökotopia Verlag). Bei Musikstopp rufen Sie eine Zahl zwischen eins und sechs. Diese Anzahl Kinder muss eine Aufgabe erfüllen. Danach gibt es wieder einen Moment lang Musik.

- *Bei 1:* Gehe wie ein König und begrüße würdevoll die Anderen! Oder: Gehe wie ein Diener und verbeuge dich vor jedem!
- *Bei 2:* Bildet einen Torbogen und alle zusammen einen langen Rosengang! Oder: Fechtet wie die Wilden, ohne euch zu berühren!
- *Bei 3:* Baut mit euren Körpern einen hohen Turm! Oder: Bildet ein Ross mit Reiter!
- *Bei 4:* Legt euch als Lieblingsspeise des Königs auf den Boden – z.B. als Spiegelei. Oder: Bildet eine Zugbrücke, die benutzbar ist.

- *Bei 5:* Ihr erfreut den König mit einem wunderschönen Tanz! Oder: Stellt einen Feuer speienden Drachen dar!
- *Bei 6:* Ihr stellt ein Ritterturnier dar! Oder: Ihr seid eine Gauklergruppe, und jeder zeigt ein Kunststück!

Die Goldmünzensuche

Ratespiel ab 4 Jahren

Alle Kinder verlassen kurz den Raum. Die Spielleitung legt eine Münze sichtbar an einen beliebigen Ort, z.B. in die Ecke der Fensterbank oder auf ein Regalbrett. Die Stelle sollte ohne Probleme von den Kindern einsehbar sein. Nun werden sie hereingerufen und bekommen die Aufgabe gestellt: „Sucht nach einer goldenen Münze. Wer weiß, wo sie ist, setzt sich auf seinen Platz." Das Spiel ist beendet, wenn alle die Münze entdeckt haben. Hiermit haben sich die Kinder den Eintritt zur Schlossführung verdient. Nun dürfen auch Kinder die Goldmünze verstecken.

Ritter Kunibert,
Prinzessin Pfefferminz
und Hexe Nasenschleim

Bewegungsgedicht ab 3 Jahren

Helga Zachmann

Dick, dicker, am dicksten
Rhythmisch auf den Bauch patschen
ist der Ritter Kunibert
scharf, schärfer, am schärfsten
Mit der Handkante auf der anderen Hand schneiden
ist sein goldnes Funkelschwert.

Fein, feiner, am feinsten
Hand wie einen Spiegel halten, die andere richtet die Frisur
ist Prinzessin Pfefferminz,
klein, kleiner, am kleinsten
Daumen und Zeigefinger zeigen wie klein
ist ihr Bruder, unser Prinz.

Tief, tiefer, am tiefsten,
Mit einem Arm nach unten greifen
ist der alte Brunnenschacht,
schief, schiefer, am schiefsten
Beide Arme nach oben strecken
hat der Wind den Turm gemacht.
Etwas zur Seite neigen

Hoch, höher, am höchsten
Mit einem Finger an der Nase entlang bohren
bohrt die Hexe Nasenschleim,
grün, grüner, am grünsten
schmiert sie Popel sich ans Bein.

Spielanregung

Das Gedicht lässt sich im Stuhlkreis oder auf den normalen Sitzplätzen einer Schulklasse spielen. Die Kinder machen die Bewegungen nach und sprechen alles mit, was sie können. Das Steigern der Adjektive macht Freude und wird spielerisch eingeübt. Versuchen Sie, den Text rhythmisch zu sprechen.

Varianten: Alle bewegen sich frei im Raum (Musiksaal, Turnhalle) und stellen die Bilder mit ihrem ganzen Körper dar.
Es ist auch möglich, die vier Verse auf vier Gruppen aufzuteilen. Der Vers wird auswendig gelernt und jede Kleingruppe lässt sich etwas einfallen, um ihren Teil in Szene zu setzen. Z.B. kann jemand in den Brunnenschacht stürzen, oder der Turm muss mit aller Macht abgestützt werden.

König Eugen
und Prinzessin Wangenrot

Spielgeschichte ab 7 Jahren

Helga Zachmann

Die folgende Geschichte wird vorgelesen und alle Tätigkeiten dürfen spontan von den Kindern umgesetzt werden. Für vier Begriffe wird jedoch eine bestimmte Reaktion festgelegt. Üben Sie mit ihrer Gruppe einige Male das Verbeugen und Knicksen sowie den richtigen Text. In der Geschichte sind die Stellen gekennzeichnet an denen etwas Zeit für die Reaktion der Gruppenmitglieder gelassen wird.

- „König Eugen" – Verbeugen und „Mein König!" murmeln
- „Feuer" – Mit Geschrei in eine Ecke rennen
- „Prinzessin Wangerot" – Knicksen und „Prinzessin Wangenrot" sagen
- „Wasser" – In die Hände klatschen und laut „Platsch!" rufen

Ein Tag im Leben von König Eugen I.
Noch bevor König Eugen die Augen öffnet …, ist eine Schar von Dienern damit beschäftigt seinen Tag vorzubereiten. Der Küchenjunge läuft noch im Dunkeln schnell zum Brunnen, um frisches Wasser zu holen … Derweil ist die Magd damit beschäftigt, das Feuer … in der Schlossküche zu entfachen. Auch die Prinzessin … liegt noch in ihren Träumen, als ihre Zofen ihren Lockenstab im Feuer erhitzen … Mittlerweile ist König Eugen erwacht … und beginnt mit seiner Morgentoilette. Drei Tropfen Wasser, … Wasser, … Wasser … fallen in sein linkes Auge. Er schüttelt sich und reibt sein Auge. Heute geht es in aller Frühe auf die Jagd. Die stolzen Pferde traben vom Schlosshof in Richtung Wald.

Nur Prinzessin Wangenrot … sitzt zu Hause im Schloss und darf nicht mit. Das findet sie so gemein, dass sie abwechselnd mal mit dem einen, mal mit dem anderen Fuß aufstampft. „Aber meine Prinzessin!" … , ruft ihre Kammerzofe und rollt mit den Augen.
Die Pferde jagen inzwischen im wilden Galopp über die Wiesen und Felder. Immer wieder ducken sich die Reiter, um sich vor den herabhängenden Ästen zu schützen. Da kommt der Bach in Sicht. Die Pferde springen in hohem Bogen über das Wasser … Auweia, was war denn das? Einige Reiter wurden leider von ihren Pferden abgeworfen und laufen nun laut rufend hinter ihren Tieren her.
Am Nachmittag kehrt König Eugen … von der Jagd zurück. Fanfaren erschallen, und das ganze Gefolge nimmt im Thronsaal Platz. Ein mächtiges Wildschwein dreht sich über dem Feuer … Da erscheint Prinzessin Wangenrot … Sie bringt ihrem Vater einen Becher Wasser … König Eugen … erhebt sich und hält eine Rede. Gerade als er das Dankgebet sprechen will, stürmt eine Schar fremder Ritter in den Saal. Es beginnt ein heftiger Kampf. König Eugen … und seine Männer wehren sich tapfer, als die Prinzessin ruft …: „Ritter, wer auch immer ihr seid, wollt ihr euch nicht zum Wildschweinbraten setzen?"

Und so ging dieser Abend in die Geschichtsbücher ein als der Tag, an dem sich König Eugen endlich mit seinem Bruder König Torsten versöhnte.
„Lang lebe der König, lang lebe Prinzessin Wangenrot!"

Im Spiegelkabinett
Freie Tanzanregung ab 4 Jahren

Material: Seil, Musik

Als Vorübung für den folgenden Tanz bilden sich Paare, die jeweils ein Seil gerade zwischen sich auf den Boden legen. Die Partner stehen sich gegenüber. Sie sollten zuvor festlegen, wer beginnt und wer zunächst der Spiegel ist, d.h. wer dem anderen alles nachmachen darf. Das Seil hat ausschließlich eine ordnende Funktion: Die Kinder können sich an etwas orientieren und laufen nicht durch den ganzen Raum. Die Übung gelingt am besten mit sehr ruhiger Musik von CD 2. Wir beginnen mit kleinen, sehr langsamen Bewegungen. Auch Mimik und Gestik zu imitieren ist sehr spannend. Später kommen die Arme und Beine hinzu, und es werden verschiedene Ebenen genutzt (oben, unten, Mitte). Eine besondere Herausforderung besteht darin, schwierige Figuren richtig zu spiegeln.

Das zauberhafte Schloss
Tanzlied ab 4 Jahren

Text/Musik: Wolfgang Hering ⊙ Nr. 14

1. Liebe Leute, hallo, aufgepasst,
kommt als Paar zum Tor hinein.
Ein Paar stellt ein großes Tor, durch das alle anderen durchgehen
Wir führ'n euch nun durch unser Schloss
‖: und laden zum Rundgang ein. :‖

2. Jetzt heißt es erstmal Kopf einziehen,
Gebückt geht es weiter
wir gehn ins Zimmer Liliput,
dort bückt ihr euch, seid klitzeklein,
‖: macht dabei nur nichts kaputt. :‖

3. Nun streckt euch erneut, den Blick nach vorn,
weiter geht's in den Säulengang,
dort werdet ihr alle riesengroß,
Alle strecken sich beim Gehen
‖: macht euch dabei richtig lang. :‖

4. Wir kommen dann in den Spiegelsaal
Partner stellen sich gegenüber, ein Kind macht die
Bewegungen vor, das andere spiegelt
an diesem wunderschönen Tag.
Schaut, was euer Partner tut,
‖: macht dem andern alles nach. :‖

Zwischenspiel für den Spiegeltanz

5. Betretet nun in den größten Raum,
im Ballsaal wird heut viel gelacht.
Die Paare fassen sich an einer Hand und gehen
nach vorn, dann umdrehen und zurück
Der Spaß ist groß, ihr dreht euch im Kreis
Paare drehen sich
‖: und tanzt durch die ganze Nacht. :‖

6. Nun streckt euch erneut, den Blick nach vorn,
Alle strecken sich
wieder geht's in den Säulengang,
dort werdet ihr nochmal riesengroß,
‖: macht euch alle richtig lang. :‖

7. Wieder heißt es nun den Kopf einziehen,
Gebückt gehen
wir spazieren durchs Zimmer Liliput,
dort bückt ihr euch, seid klitzeklein,
‖: macht dabei nur nichts kaputt. :‖

8. Jetzt sagen euch alle auf Wiedersehn,
Kurze Verneigung und winken
ruht euch ein wenig aus.
Wir hoffen, es hat euch Spaß gemacht
‖: und ihr kommt gut nach Haus. :‖

Spielanregung

Bilden Sie Paare, die im gesamten Stück zusammenbleiben. Der Text wird in die entsprechenden Aktionen umgesetzt. Zu den ersten drei Strophen können die Hände gefasst bleiben, in der vierten werden die Spielideen frei interpretiert. In der 5. Strophe tanzen die Paare wie beim Menuett. Überlegen Sie vorher mit der Gruppe, wie kleine und große Bewegungen, Spiegel und die Tanzschritte in Szene gesetzt werden können..

15. Das Taschenlampenfest

Eine Übernachtung im Kindergarten oder in der Grundschule wäre der ideale Rahmen für ein Taschenlampenfest. Es ist dunkel, und wir haben genügend Zeit für jede Menge Spiele.

Kinder probieren gerne aus, was sie mit Taschenlampen alles anstellen können. Ohne dass wir eingreifen, entdecken sie die verschiedensten Phänomene: Licht und Schatten, Wärme, durchleuchtete Körperteile, sich schnell bewegende Lichtquellen, geblendete Augen. Das Thema Verstecken und Gruseln kommt natürlich auch vor.

Untersuchen Sie mit den Kindern verschiedene Lichtquellen Kerzen, Lampen, Glühbirnen, LEDs, Leuchtstäbchen, Schwarzlicht. Eine Schattenwand bringt eine kleine Präsentations- und Raterunde mühelos in Gang. Wie könnte ein Hund oder ein Huhn mit den Händen dargestellt werden.

Zum Abschluss des Taschenlampenfestes gibt es eine Schwarzlichtdisco. Die Röhren besorgen Sie beim Medienverleih. Alles, was weiß ist, leuchtet phosphorisierend.

Spiele im Dunkeln
Rate- und Bewegungsspiele ab 5 Jahren

Material: Taschenlampen für alle Kinder, Raum zum Abdunkeln

Dinge erraten
Der Raum wird verdunkelt. Ein Kind bekommt eine Taschenlampe und darf kurz einen Gegenstand im Raum anleuchten. Wer ihn als erster benennt, kommt dann an die Reihe und darf selber leuchten.

Geräusche finden
Die Kinder sind überall im Raum verteilt. Eines gibt regelmäßig ein leises Geräusch von sich. Es kratzt, klopft oder reibt an etwas. Die anderen Kinder versuchen, die Richtung zu finden und dürfen dann ihre Taschenlampe anmachen. Wer lag richtig?

Dinge finden
Umgekehrt können Sie auch einen Gegenstand oder ein Stofftier im abgedunkelten Raum verstecken, und alle oder eine ausgesuchte Gruppe begeben sich auf die Lichtsuche.

Die Montagsmaler in der Taschenlampenversion
Ein Kind malt mit seiner Taschenlampe ein einfaches Bild an die Wand. Etwa ein Haus, einen Baum oder einen Stern. Die anderen müssen erraten, worum es sich handelt.
Variante fürs Grundschulalter: Mit der Lampe werden Zahlen, Buchstaben oder Wörter in die Luft gemalt, die von den anderen Kindern erraten werden.

Verfolgung
Wahrnehmungsspiel ab 5 Jahren

Material: Pro Kind 1 Lampe mit gut fokussierbarem Spot

Es werden Paare gebildet. Die Partner machen vorher aus, wer mit seinem Lichtspot führt und wer ihm folgt. Mit dem Lichtpunkt wird der Partner im Kreis geführt, steigt auf Stühle ... So durchwandern die Beiden den Raum, entdecken Dinge, die sie vielleicht noch gar nicht wahrgenommen haben und treffen andere Paare. Lustig wird es, wenn ein Kind seinen Lichtpunkt verloren hat und ihn wiederfinden muss.

Den Lichtpunkt einfangen
Bewegungsspiel ab 5 Jahren

Ein Kind steht an der Wand und versucht, einen Lichtpunkt einzufangen. Um die Aufgabe schwieriger zu machen, sollten mindestens zwei Taschenlampen im Spiel sein.

Wer war das?
Ratespiel ab 5 Jahren

In einer Vorlaufphase suchen alle Kinder nach Möglichkeiten, wie sie ihre Taschenlampe einsetzen können, um möglichst wenig Licht auszusenden. Etwa in der Hosentasche, im Mund, in der geschlossenen Hand, im Haar oder unter dem Fuß. Danach setzen sich die Kinder im Raum auf den Boden. Im Zimmer sollte es sehr dunkel sein. Die Spielleitung bewegt sich vorsichtig durch den Raum und berührt ein Kind. Dieses darf seine Taschenlampe auf der zuvor gefundenen Art und Weise aufleuchten lassen. Die Anderen versuchen zu erraten, wer es war.

Mord in der Disco
Rollenspiel ab 7 Jahren

Material: Je 1 Taschenlampe und 1 Zettel für alle Kinder, Musik

Die Spielleitung faltet für jedes Kind einen Zettel zusammen. Nur auf zwei Zetteln steht etwas: auf dem einen „Mörder", auf dem anderen „Detektiv". Die Zettel werden gezogen, Bedingung ist, dass keiner verrät, was er auf seinem Zettel stehen hat. Dann wird das Licht gelöscht und laute Discomusik eingespielt. Die Gruppe tanzt im Raum herum, wobei die Taschenlampen als Discobeleuchtung herumschwirren. Plötzlich ist ein Schrei zu hören, und ein Kind geht zu Boden. Während alle getanzt haben, hat der Mörder ein Kind gezwickt und damit zum Mordopfer gemacht. Alle Taschenlampen leuchten auf das Opfer. Jetzt tritt der Detektiv auf den Plan. Er geht folgendermaßen vor: Alle Anwesende werden reihum gefragt, wo sie sich gerade aufgehalten und was sie gemacht haben. Anschließend gibt es eine zweite Fragerunde. Alle Unschuldigen müssen genau dasselbe wie in der ersten Runde sagen. Nur der Mörder widerspricht sich und sagt etwas anderes aus. Wenn der Detektiv gut aufgepasst hat, kann er den Mörder entlarven.
Die Zettel werden wieder eingesammelt und verteilt, und es gibt eine neue Tanzrunde.

Tanz mit mir
Freie Tanzanregung ab 6 Jahren

Wieder brauchen wir einen abgedunkelten Raum. Zunächst werden drei Paare gebildet, die anderen sind Zuschauer. Ein Kind hat die Lampe, das andere bewegt sich. Die Lampe zeigt auf dem Boden, wie getanzt werden soll. Schlangenlinien, eckige Wege, Drehungen. Verlöscht die Lampe, so friert das tanzende Kind ein. Nun werden drei neue Paare gebildet.

Leuchtspiel
Spielgedicht ab 4 Jahren

Wolfgang Hering

Seht ihr alle mein Gesicht,
es leuchtet in der Nacht,
besonders wenn mein Mund
einmal so richtig lacht.
Lachen

Die Nase wackelt hin und her,
sie tanzt ein wenig rum.
Ich zieh sie an der Seite hoch,
so wird sie richtig krumm.
Nase rümpfen und bewegen

Ich werde traurig, einfach so,
seht, wie ich weinen muss,
dann bilden Lippen einen Kreis
ich forme einen Kuss.
Lippen zu einem O formen

Ich streck euch meine Zunge raus,
sie macht sich lang und zäh,
ich wackle kurz mal mit den Ohr'n
und rufe ganz laut „bäh".
Zunge rausstrecken

Die Augen blinzeln links und rechts,
sie klimpern beide schnell.
Ich klapp sie beide einfach zu,
dann ist es nicht mehr hell.
Augen abwechselnd öffnen und schließen

Die Wangen blasen sich kurz auf
so wie ein Luftballon, juchhei.
Dann leuchte ich in meinen Mund,
das Spiel ist nun vorbei.
Taschenlampen kurz in den Mund nehmen

Das Taschenlampenfest

Tanzlied ab 4 Jahren

Text/Musik: Wolfgang Hering  Nr. 15

Heu-te kom-men Ta-schen-lam-pen, je-de aus dem eig-nen Nest,
Klei-ne Leuch-ten, die be-gin-nen, tau-chen aus dem Nichts jetzt auf.

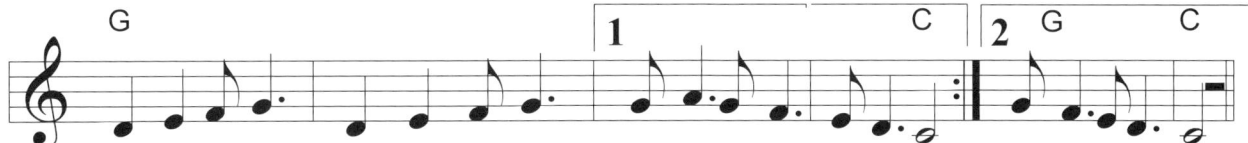

denn es tref-fen sich die Lich-ter nachts zu ei-nem gro-ßem Fest.
Je-de zeigt dann, dort im Dun-keln ei-nen Sla-lom-lauf.

Du-bi du-bi dub dub, du-bi du-bi da du-bi du-bi du-bi du-bi da.

Du-bi du-bi dub dub, du-bi du-bi da du-bi du-bi du-bi du-a.___

1. Heute kommen Taschenlampen,
jede aus dem eigenen Nest,
denn es treffen sich die Lichter
nachts zu einem großen Fest.
Kleine Leuchten, die beginnen,
tauchen aus dem Nichts jetzt auf.
Jede zeigt dann, dort im Dunkeln,
einen Slalomlauf.

Refrain:
Dubi dubi dub dub, dubi dubi da, dubi dubi dubi
dubi da.
Dubi dubi dub dub, dubi dubi da, dubi dubi dubi
dubi dua.

2. Und da kommen schon die Paare,
Lichter gehen jetzt zu zweit.
ziehn herum mit gleichem Abstand,
trennen sich nach einer Zeit.
Daraus wird ein großes Rudel,
ja, es werden immer mehr.
Und sie blitzen gleich mit Pausen
alle zu uns her.

Refrain

3. Da entsteht jetzt eine Reihe,
diese Linie macht sich lang.
Punkt für Punkt, nebeneinander,
bildet sich ein gerader Gang.
Dann entstehen kleine Kreise,
drehn sich wie ein Karussell,
erstmal langsam, ganz gemächlich
und dann richtig schnell.

Refrain

4. Plötzlich sehn wir ein paar Füße,
rücken nun ins rechte Licht.
Das fällt dann auf Arm und Schulter,
nur nicht ins Gesicht.
Schließlich sehn wir lauter Hände,
ja, wir werden angelacht.
Das sind viele Spaßgesichter,
tanzen in der Nacht.

5. Schneller streifen jetzt die Lichter,
kreuz und quer, fast unbegrenzt,
alles blinkt jetzt durcheinander,
wild, wie jede Leuchte glänzt.
Und dann schalten sich die Lampen
nacheinander alle aus
und verschwinden in den Taschen,
gehn dann brav nach Haus.

Refrain

Spielanregung

Jedes Kind hat eine Taschenlampe und dunkle Kleidungsstücke an. Verdunkeln Sie den Raum oder spielen Sie das Stück nachts.

- Die Taschenlampen werden nach und nach angeknipst und stellen sich mit kleinen Schlangenlinien vor.
- Zwei Lampen bilden jeweils ein Paar und bewegen sich gemeinsam durch den Raum. Mehrere Paare bilden eine Gruppe. Bei kleinen Gruppen kann ein Kind auch jeweils zwei Taschenlampen übernehmen.
- Versuchen Sie, die Lichter zunächst auf einer Linie zu platzieren. Dann bilden sich kleine Kreise, die sich erst langsam, dann schneller drehen.
- Im vierten Abschnitt strahlen die Taschenlampen die eigene Hand an, die sich als lustige Figur präsentiert. Danach sind auch Füße zu sehen.

Im Finale gibt es noch mal ein buntes Licht-Feuerwerk, bis alle Taschenlampen ausgeschaltet werden.

Variante: Jedes Kind hat zwei Taschenlampen und agiert entsprechend.

16. Wir tanzen zum Abschied

Wenn ich wissen will, was ich denke, muss ich (mit jemandem) sprechen.

Harry Goolishian

Das Sprechen über das Erlebte in einer Reflektionsrunde ist für den Lernprozess von erheblichem Wert. Wenn wir versuchen zu schildern, was geschah, wie der persönliche Lernprozess ablief, unsere Wahrnehmungen, Schwierigkeiten und positiven Erfahrungen formulieren, so klären wir dabei Erlebnisse und fassen sie in Worte. Alle können sich mitteilen und ihre eigenen Erfahrungen mit denen der anderen vergleichen. Sie erfahren beispielsweise, dass sie mit Problemen nicht allein in der Gruppe sind und können mögliche Blockaden wieder lösen. Oft findet erst in der Reflektionsrunde die emotionale und kognitive Verarbeitung des Geschehens statt.

Regeln für die Abschlussrunde

Während der Schlussrunde schauen alle Beteiligten noch einmal auf das Erlebte zurück und äußern sich in einem kurzen Feedback dazu. Es ist sinnvoll, diesen Prozess mit einem kurzen Moment der Ruhe und Besinnung einzuleiten. Auch Reflektionsrunden müssen angeleitet sein, damit sie ihren Zweck erfüllen können. Als Gesprächsregel gilt: Jeder spricht von sich selbst und berichtet von eigenen Wahrnehmungen und Erlebnissen. Damit wird verhindert, dass Teilnehmer sich gegenseitig die Verantwortung für frustrierende Momente zuschieben. Die verschiedenen Meinungen bleiben undiskutiert stehen, weil es kein richtig oder falsch gibt.

Auf die innere Haltung kommt es an

Die Anleitung achtet darauf, dass jede Äußerung, die auf der eigenen Wahrnehmung eines Teilnehmers fußt, Akzeptanz findet. Dies fördert das Vertrauen in der Gruppe und schafft eine positive Atmosphäre.

Eine offene Frage leitet die Abschlussrunde ein. Die Frage sollte keinerlei Antwort implizieren. Fragen wir nur: Hat es euch heute Spaß gemacht?, so rufen alle Kinder laut „Ja!", weil sie ihren geliebten Lehrer natürlich nicht enttäuschen wollen. Es ist also wichtig, als Gesprächsleitung eine offene und neugierige Haltung einzunehmen, die sich für Negatives wie Positives gleichermaßen interessiert.

Unsre Stunde ist nun aus

Gedicht ab 4 Jahren

Helga Zachmann

Schaffen Sie einen Rahmen für die Reflektion. Legen Sie zum Beispiel Teppichfliesen im Kreis aus. Jedes Gruppenmitglied findet sich auf einer Fliese ein. Ein Fallschirm oder ein Reifen können diesen Zweck erfüllen. Ein Stuhlkreis ist auch ein geeignetes Setting.

Unsre Stunde ist nun aus.
Geh mal in dein Schneckenhaus.
Mach dich klein wie ein Stein,
lass das Reden nun mal sein.
Roll dich dann aus deinem Haus,
Schau mit deinen Fühler raus.
In die Runde blickst du nun
wie jetzt alle Schnecken ruh'n.

Danach stellt die Anleitung eine Frage, um die Reflektionsrunde in Gang zu bringen.

Es spricht immer nur ein Kind gleichzeitig. Falls dies schwer fällt, kann ein Sprechstein herumgegeben werden. Stellen Sie nur so viele Fragen, wie es die Konzentration der Teilnehmer zulässt. Achten Sie darauf, dass sich alle äußern können.

Wie fühlst du dich nach unserer heutigen Stunde?

Was war dir heute wichtig?

Mit wem aus unserer Runde hattest du heute viel zu tun?

Was ist dir von heute noch in Erinnerung?

Gibt es etwas, das dir heute nicht gefallen oder das dich gestört hat?

Was war neu oder ungewohnt für dich?

Was hast du heute dazugelernt?

Worauf bist du heute stolz?

Was würdest du in der nächsten Stunde gerne noch mal machen?

Möchtest du noch etwas sagen?

Die Knopf-Entspannung
Partnermassage für Kinder ab 3 Jahren

Ein Kind legt sich auf den Rücken und schließt die Augen. Das Andere setzt sich zu seinem Partner und erhält ca. 15 Knöpfe. Schön ist es, ganz unterschiedliche Knöpfe aus Omas Knopfschatulle zu verwenden. Denn auch die alten Knöpfe sind geeignete Sprechanlässe für Kinder.

Aufgabe ist es nun, die Knöpfe auf dem Körper sorgfältig zu platzieren. Sie dürfen nicht herunterfallen und sollten fast unspürbar für den Liegenden abgelegt werden. Eine Variante für ältere Kinder: Der Liegende benennt jeweils das Körperteil, auf dem gerade etwas abgelegt wurde. Oder: Am Schluss soll der Liegende die Gesamtanzahl der Knöpfe angeben.

Sind alle Knöpfe abgelegt, gibt es eine kurze Pause. Um diese Pause zu füllen, erhalten die sitzen-

den Kinder den Auftrag herauszufinden, wo sich unser Körper beim entspannten Liegen dennoch bewegt und warum. Durch die Knöpfe ist sehr schön das Heben und Senken der Bauchregion beim Atmen sichtbar. Dann werden alle Knöpfe wieder aufgenommen. Dies sollte möglichst nicht nach der Reihe erfolgen, damit die Wahrnehmung des Liegenden hellwach bleibt.

Folgende Aufgabenstellung stellt einen schönen Abschluss dar: Lege dein Ohr auf den Bauch/Brustkorb deines Partners und lausche, ob du sein Herz schlagen hörst. Berichte, was du gehört hast.

Schlussapplaus

Sprechkanon ab 3 Jahren

Wolfgang Hering

Sie können das Stück als Sprechkanon mit mehreren Gruppen umsetzen. Wir haben einen Vorschlag für vier Stimmen aufgezeichnet.

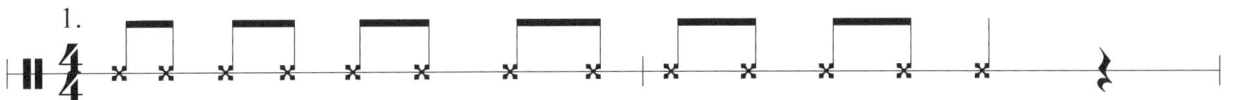

Al - le win-ken wir zum Schluss. Wir ge - hen nun nach Haus.

Un - sre Fü - ße stamp-fen fest, dann kommt noch der Ap - plaus. Ein

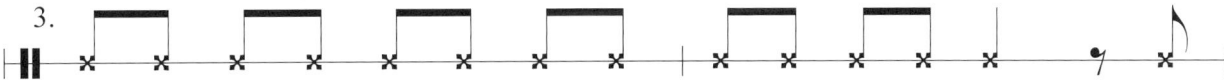

Schul - ter-schlag, ein klei - ner Knuff, die Zeit war wun-der-schön. Ein

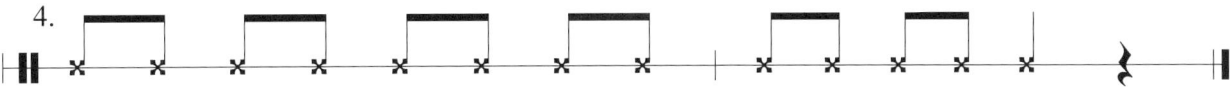

Hän - de - druck, wir hat - ten Spaß, mach's gut, auf Wie-der-sehn.

Alle winken wir zum Schluss
wir gehen nun nach Haus.
Unsre Füße stampfen fest,
dann kommt noch der Applaus.

Ein Schulterschlag, ein kleiner Knuff
die Zeit war wunderschön.
Ein Händedruck, wir hatten Spaß,
macht's gut, auf Wiedersehn.

Eddie kommt ins Gebirge
Entspannungsübung ab 6 Jahren

Helga Zachmann

Die Paare suchen sich einen Platz im Raum, wo sich ein Kind auf den Bauch legt. Das andere stellt mit seiner Hand die Schildkröte Eddi dar. Die Spielleitung führt mit folgender Geschichte durch die Massage:

„Eddi ist eine Landschildkröte, d. h. er kriecht den ganzen Tag in einem gemütlichen Tempo auf dem Boden umher. Da trifft er plötzlich auf ein unbekanntes Hindernis (die Zehen des Liegenden). Eddi möchte wissen, was das ist, und nimmt die Herausforderung an. Er krabbelt langsam den kleinen Hügel hinauf. Dort angekommen, erblickt er einen kleinen Berg (die Ferse) und denkt, von dort oben werde ich bestimmt einen wunderschönen Ausblick haben. So wandert er den kleinen Pfad hinauf, der auf die Kuppe des Berges führt. Außer Puste kommt er oben an. Doch was er nun erblicken kann, raubt ihm den Atem. Von diesem Hügel aus kann er eine ganze Bergkette erblicken noch viel größer und höher, als alles zuvor. Sogleich macht er sich auf den Weg und steigt zunächst von dem kleinen Berg hinunter, um auf einen langen Höhengrad zu gelangen (das Bein) ...“

Spielanregung

Folgende Stichworte können in die Erzählung mit eingebaut werden:

Hinaufkrabbeln auf den kleinen Hügel (*die Zehen*)

Hinaufwandern auf den kleinen Berg (*die Ferse*)

Hinuntersteigen zu dem langen Höhengrad (*das Bein*) und diesen entlang wandern

Anstieg auf einen der mächtigen schneebedeckten Zwillingsgipfel (*Po*)

Ausblick auf eine Gletscherregion (*Rücken- und Schulterbereich*)

Eddi macht eine Rutschpartie auf dem Gletscher (*Rücken- und Schulterbereich*)

Eddi trifft Lola, eine zweite Schildkröte, sie erforschen das Bergmassiv mit seinen Ausläufern (anderes *Bein und Arme*)

Eddie entdeckt einen Berg, der mit dichtem Urwald bedeckt ist (*der Kopf*)

Beide kämpfen sich durch den Dschungel und kommen zu einer Sprungschanze (*die Nase*).

Nach einigem Zögern rutschen die Beiden die Schanze hinunter und landen wieder auf dem flachen Boden, wo sie gemeinsam davon krabbeln. Rollentausch.

Das Kribbel-Krabbel-bück-dich-Spiel
Gedicht zum Aufräumen ab 3 Jahren

Helga Zachmann/Wolfgang Hering

Wir spielen unser kribbel, krabbel,
Fingerzappel-Bück-dich-Spiel.
Kribbel, krabbel, reiben,
die Hände sind zwei Scheiben.

Wir wolln nicht länger warten,
zum Aufräumen jetzt starten.
Kinder, jetzt nicht kneifen
schau, die Finger greifen.

Zappeln wild herum,
und schauen sich dann um.
Alles, Stück für Stück,
wandert nun zurück.

Schnell die Dinge aufgehoben,
und in das Regal geschoben.
Alles auf den rechten Platz,
Wer das macht, der ist ein Schatz.

Nun tanzen wir zum Abschied

Tanzlied ab 4 Jahren

Text: trad./W. Hering/Musik: trad. Nr. 16

1. Nun tanzen wir zum Abschied,
der jetzt kommen muss.
Nach dem Auftakt laufen alle im Viertelschlag nach rechts (d. h. vier Takte)
Nun tanzen wir zum Abschied
und machen heute Schluss.
dann acht Schritte nach links gehen
Die Zeit ist nun vorüber,
Alle bleiben stehen und zeigen auf ihre imaginäre Uhr,
unsre Stunde ist jetzt aus.
mit beiden Händen einen Vorhang schließen
||: Wir sehn uns alle wieder
vier Schritte nach innen gehen
und gehn vergnügt nach Haus. :||
wieder vier Schritte zurück

2. Wir winken uns zum Abschied,
die Hände in die Höh,
und sagen so den andern
für heute tschüss, adieu.
Die Zeit ist nun vorüber,
unsre Stunde ist jetzt aus.
‖: Wir sehn uns alle wieder
und gehn vergnügt nach Haus. :‖

3. Wir trampeln mit den Füßen,
das rumpelt noch mal hier,
und gleich danach, da laufen
wir alle vor die Tür.
Die Zeit ist nun vorüber,
unsre Stunde ist jetzt aus.
‖: Wir sehn uns alle wieder
und gehn vergnügt nach Haus. :‖

Spielanregung

Dieses alte deutsche Tanzlied heißt im Original „Nun tanzen wir den Kehraus"

Wir können das Stück als Kindervolkstanz im Kreis einüben. Alle haben die Hände gefasst. Die letzten beiden Zeilen werden wiederholt.

Anhang

Die AutorInnen und die Illustratorin

Wolfgang Hering

Diplom-Pädagoge und Musiker, ist freiberuflich im musik- und sozialpädagogischen Bereich tätig und Mitglied der bekannten Musikgruppe „Trio KUNTERBUNT". Solokonzerte mit verschiedenen Bühnenprogrammen, Dozent an Fortbildungseinrichtungen, Referententätigkeit und Fachberatung/Fortbildung u. a. für Kindergärten, Familienbildung, Kinderturnen; themenorientierte Projekte z. B. für Krankenkassen und Deutscher Turnerbund. Beliebt sind auch Kombinationen aus thematisch orientierten Workshops und Konzert. Seine erfolgreichen Bücher und CDs erscheinen in verschiedenen Verlagen. Mitglied im Friedrich-Bödecker-Kreis.

Kasia Sander

Geboren in Gdynia (Polen), Studium an der Kunstakademie Gdansk (Danzig), 1986 Übersiedlung nach Deutschland und Grafik-Design-Studium in Münster. Freiberufliche Buchillustratorin für Schul- und Kinderbuchverlage, Karikaturistin und Comiczeichnerin für Tageszeitungen sowie Designerin in der Modebranche. Teilnahme an mehreren Ausstellungen mit den Schwerpunkten Grafik, Zeichnung und Karikatur.

Helga Zachmann

Geb. 1967, Dipl. Sozialpädagogin, Zusatzausbildung zur Spiel- und Theaterpädagogin, Tanzpädagogin (DIT), seit 1996 freie Lehrerin für Spiel, Tanz und Bewegung, Entwicklung einer Kinderbühnenshow für „Wolfgang und die Heringe", eigene choreografische Tätigkeit in Tanztheaterprojekten. Fachberatung und Fortbildung zu den Schwerpunkten: kreativer Kindertanz, Improvisationstechniken, Körperarbeit, zeitgenössischer Tanz, Gewaltprävention. Zur Zeit arbeitet sie in einer Kindertagesstätte mit dem Schwerpunkt Psychomotorik und macht eine Zusatzausbildung Systemische Beratung.

Workshop- und Konzertangebote

1. LIVEKONZERTE FÜR KINDER

Für verschiedene Altersgruppen – entweder ab 2 oder ab 4 Jahren – werden von Wolfgang Hering Livekonzerte angeboten. Die Kinder erhalten immer wieder Möglichkeiten auf und vor der Bühne mitzuwirken. Bei den kleinen Kindern werden die Eltern einbezogen. Möglich ist ein Schwerpunkt „Bewegungshits von Moskau bis Marokko". Bunte Mitmachprogramme mit vielen neuen Kinderhits.

2. WORKSHOPS & FORTBILDUNGEN

Mit verschiedenen Schwerpunkten bietet Wolfgang Hering Erzieherinnen und Lehrern Fortbildungen und Workshops an, z.B.
- Sprechstücke und Songs zum Mitmachen zu verschiedenen Themen (z.B. Winter, oder Sommer)
- Bewegungslieder und Musikspiele
- Rhythmische Spielideen, Geschichten zum Mitmachen, Bewegungsgedichte und Fingerspiele
- Klatsch- und Klanggeschichten mit und ohne Instrumente
- Kinderlieder und Bewegungsspiele aus vielen Ländern

3. KONZERTE FÜR KINDER IM GRUNDSCHULALTER

Im Mittelpunkt dieses Programms stehen poppige Kinderlieder mit witzigen Texten und vielen Möglichkeiten zum Mitmachen für Kinder im Grundschulalter. Meist gibt es zwei Konzertangebote: einmal für 1./2. Schuljahr und dann für den 3. und 4. Jahrgang.

4. Trio KUNTERBUNT & Verstärkung

Seit 1980 schreiben, singen und spielen Wolfgang Hering und Bernd Meyerholz zusammen und produzieren Lieder für Kinderkassetten und CDs, für Bücher und Hörspiele. 1984 kam Schlagzeuger Bernhard Hering dazu: das Trio KUNTERBUNT war geboren. Mittlerweile spielt die Gruppe in verschiedenen Besetzungen, je nach Aufwand und Größenordnung der Veranstaltung. In der Vorweihnachtszeit gibt es das Programm: „Auf die Plätzchen, fertig, los".

6. SEMINAR- UND WORKSHOPANGEBOTE FÜR DIE ÄLTEREN

Im Rahmen z.B. von Ferienspielaktionen oder Freizeiten, bzw. Klassenstufen an weiterführenden Schulen können Projektangebote im spiel- und musikpädagogischen Bereich für Ältere abgesprochen werden.

Kontakt: *Büro Wolfgang Hering,* Walther-Rathenau-Str. 39, 64521 Groß-Gerau
Tel.: (06152) 7904, E-Mail: wolfhering@aol.com
Internet: www.wolfganghering.de (mit vielen Infos, Terminplan und Gästebuch)
Shop: www.wolfganghering-shop.de

Literatur

Ayres, A. Jean: Bausteine der kindlichen Entwicklung, Berlin, Heidelberg 1992 (Springer)

Handerer, Hermann u. Schönherr, Christine: Körpersprache und Stimme, München 1994 (Oldenbourg)

Haselbach, Barbara: Tanzerziehung; Stuttgart; Dresden 1991 (Klett)

Harrison, Kate/ Layton, Jane/ Mottis, Melanie: Tolle Ideen – Tanz und Bewegung, Mülheim a.d. Ruhr 1991 (Verlag an der Ruhr)

Hering, Wolfgang: Bewegungslieder. Reinbek 2001 6 (rororo 19681)

Hering, Wolfgang: Spiellieder mit Pfiff. Reinbek 2004 2 , (rororo 60610)

Hering, Wolfgang: Aquaka della oma. 88 alte und neue Klatsch- und Klanggeschichten, Münster 2005 5 (Ökotopia)

Hering, Wolfgang: Kunterbunte Bewegungshits, Münster 2007 3 (Ökotopia)

Hering, Wolfgang und Zachmann, Helga: Musik- und Bewegungsspiele, Aachen 2005 (Meyer & Meyer)

Mahler, Madeleine: Tanz als Ausdruck und Erfahrung, Bern 1992 2 (Zytglogge)

Metzenthin, Rosmarie: Schöpferisch Spielen und Bewegen, Zürich 1983 (Orell Füssli)

Metzger, Barbara/Häublein, Elke, Pöppel, Andreas: Rhythmisch fit – mach mit! Zürich 2003 (Edition Conbrio)

Moritz, Ulrich: Body-Beat! Bodypercussion und Trommeln, Berlin o.J. (Eigenverlag)

Neuber, Nils: Kreative Bewegungserziehung – Bewegungstheater, Aachen 2000 (Meyer & Meyer)

Reichel, Auguste:Tanz dich ganz, Münster 1999 (Ökotopia)

Reichle, Susi und Meyerholz, Ulrike: Kleine Clowns und große Töne, Bern 2002 (Zytglogge)

Reiter, Gerhard: Body Percussion, Innsbruck 1998 (Helbing)

Schönrade, Silke u. Pütz Günter: Die Abenteuer der kleinen Hexe, Bewegung und Wahrnehmung, Dortmund 2000 (Verlag modernes lernen)

Schneider, Monika u. Ralph: Bewegen und Entspannen nach Musik, Mühlheim a.d. Ruhr 1994 (Verlag an der Ruhr)

Sportjugend Hessen: Bewegung Kunterbunt, Frankfurt/M. 1996 (DTB)

Sportjugend NRW (Hrsg.) Praxismappe Tanzen, Einführung in eine kreative Tanzerziehung, Duisburg 1996 (DTB)

Teusen, Gertrud: Entspannung für Ihr Kind, Niedernhausen/Ts. 1997 (Falken)

Trio Kunterbunt (Hrsg.): Lieder zum Turnen und Toben. Aachen 2000 (Meyer & Meyer)

Zimmer, Renate: Handbuch der Sinneswahrnehmung. Grundlagen einer ganzheitlichen Erziehung, Freiburg 1995 (Herder)

Zimmermann, Jürgen: Juba, die Welt der Körperperkussion, Boppard 1999 (Fidula)

So arbeiten Sie mit CD und Playback-CD

Zu diesem Buch gibt es eine CD und eine Playback-Version (Angaben zur Bestellung finden Sie auf Seite 2). Diese Lieder, die Sie auf der CD finden, sind im Buch und im Register mit einem CD-Symbol gekennzeichnet.

Auf *CD 1* finden Sie den folgenden Ablaufplan:

1. Heute tanzen wir
2. Der Unterwasser-Club
3. Wir können Freunde sein
4. Windrad, komm mit mir
5. Am Fuß der sieben Berge
6. Tanzen in den Straßen
7. Fred, der Knochenmann
8. Die kleine Hexe Lina
9. Unsre Körperklänge
10. Waldgeister
11. Die Küche spielt verrückt
12. Malermeister Markus Mumm
13. Die Dinos sind los
14. Das zauberhafte Schloss
15. Das Taschenlampenfest
16. Nun tanzen wir zum Abschied

Auf *CD 2* gibt es alle Playback-Versionen und zusätzlich vier Instrumentaltitel, die Sie bei verschiedenen Spielanregungen als Hintergrundmusik einsetzen können.

Ich habe in den Spielanregungen schon viele detaillierte Hinweise zum Einsatz der Lieder gegeben. Wenn Sie mit der Playback-CD arbeiten, dann hören Sie sich am besten mehrmals die Originalversion mit dem Gesang an, damit Einsätze und Ablauf gelingen. Vielleicht sprechen und singen Sie erst einmal zur vollständigen Version mit. Dann probieren Sie es selbst zum Playback. Achten Sie besonders auf das Einhalten des Tempos, der Betonungen des Textes und auf die Tonhöhe. Mit der Kindergruppe können Sie dann verschiedene Textabschnitte bzw. Strophen mit verteilten Rollen sprechen und singen.

Register der Spiele und Lieder

Die Titel sind alphabetisch geordnet. Beim bestimmten Artikel „der, die, das" wird nach dem folgenden Wort eingeordnet.
Die Lieder (einschließlich der Rhythmikspiele und Raps) sind kursiv hervorgehoben